PARTIR DA INFÂNCIA

PARTIR DA INFÂNCIA
DIÁLOGOS SOBRE EDUCAÇÃO

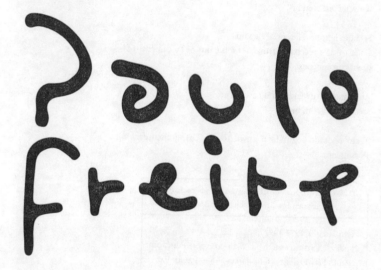

2ª edição

Paz & Terra
Rio de Janeiro | São Paulo
2020

Copyright © Herdeiros Paulo Freire / Sérgio Guimarães

Direitos de edição da obra em língua portuguesa no Brasil adquiridos pela EDITORA PAZ E TERRA. Todos os direitos reservados. Nenhuma parte desta obra pode ser apropriada e estocada em sistema de banco de dados ou processo similar, em qualquer forma ou meio, seja eletrônico, de fotocópia, gravação etc., sem a permissão do detentor do copyright.

Editora Paz e Terra Ltda.
Rua do Paraíso, 139, 10º andar, conjunto 101 – Paraíso –
São Paulo – 04103000
www.record.com.br

Seja um leitor preferencial Record.
Cadastre-se e receba informações sobre nossos lançamentos e nossas promoções.

Atendimento e venda direta ao leitor:
sac@record.com.br

Texto revisado segundo o novo Acordo Ortográfico da Língua Portuguesa.

Dados Internacionais de Catalogação na Publicação (CIP)
(Câmara Brasileira do Livro, SP, Brasil)

Freire, Paulo, 1921-1997.
2ª ed.   Partir da infância : diálogos sobre educação
/ Paulo Freire, Sérgio Guimarães. – São Paulo: Paz
e Terra, 2020.

ISBN 978-85-7753-425-8

1. Diálogos 2. Educação 3. Educação – Filosofia
4. Educação – Finalidades e objetivos 5. Freire, Paulo,
1921-1997 6. Pedagogia I. Guimarães, Sérgio. II. Título.

11-11340   CDD-370.1

Índices para catálogo sistemático :
1. Freire, Paulo : Pedagogia : Educação : Filosofia 370.1

A ELZA E A NÊGA, EDUCADORAS, CONOSCO, DE NOSSOS FILHOS, E AOS TRABALHADORES QUE, DA EDITORA À GRÁFICA, FIZERAM ESTE LIVRO.

Sumário

NOTA DO EDITOR À 1ª EDIÇÃO — 13

NA BASE, O DIÁLOGO
NOTA À 6ª EDIÇÃO — 15

1. Inaugurando a série de livros dialogados — 15
2. "Ninguém pode dizer a palavra verdadeira sozinho." — 16
3. Como aperitivo, palavras-chave — 18
4. Dois capítulos novos e dois desafios — 25

PRIMEIRA PARTE — 27

1 Partir da infância — 29

1. "Que a gente se pergunte." — 29
2. À sombra das mangueiras, o giz eram gravetos e o quadro-negro era o chão — 30
3. Militar e bordadeira. (Ou: Joaquim e Tudinha.) — 33
4. Eunice e dona Amélia: da escola particular à isolada — 37
5. Família de professoras, criança calçada no Jardim e bolinhas de gude: "Não tínhamos por que reclamar." — 41
6. Nossa escola, pista de corrida — 47
7. Contra os meninos populares — 49

2 Da nossa escola primária 53

1. "Ora, mas eu estou a par da guerra do Vietnã!" 53
2. Minha velha tese. E Anísio, num livro que tu não leste 55
3. "O que é que um professor primário pode fazer, na sua sala de aula, enquanto a mudança não vem?" 59
4. Aclarar a sua opção política 62
5. De 35 para quarenta 64
6. Do direito de as massas populares dizerem "por quê?" 67

3 Pontos cardeais 71

1. "Isso me dá pistas." 71
2. A nossa inexperiência democrática e "a hora do banheiro às dez e meia" 75
3. "Aquilo era criança até em cima das carteiras!" 79
4. Viver intensamente o risco 85
5. O caso do Sinvaldo e a cara da Raquel 87
6. Do mundo perdendo-se ali à capacidade de amar 91

4 Esse autoritarismo do ato de programar 95

1. Os pacotes e o "conhecimento" embrulhado 95
2. "Um dado dando-se, mas não um dado dado." 98

5 Da disciplina, numa relação curiosa 101

1. Essa procura impacientemente paciente 101
2. "Recebendo os pacotes como se engorda peru." 104

3. Alegria calejada? Batalhas diárias: "Acho que o caminho que proponho é bacana." 108

6 Contra o medo 113

1. O medo de aprender. "O que você acha disso?" 113
2. Uma espiral do medo e um círculo vicioso 115
3. "Você já teve medo?" Ou: a coragem de perguntar. 117
4. Uma diretividade que se limita. E um não ao "deixa-como-está-para-ver-como-fica" 119
5. "No fundo, quem é mais problema? É a criança ou a escola?" 122
6. Professor-problema? Problema político 125

7 Sobre o crescimento do social 127

1. Por trás dessa ideia de individualização 127
2. "Uma coisa mais difícil do que competir." 130
3. Melhor controle? Carga ideológica 131
4. O papel da cátedra e a dinâmica de grupo 134

8 Expor-se ao diálogo 137

1. Aulas? Seminários? Movimento de pêndulo 137
2. "O mal não está na aula expositiva." 138
3. "O ideal é juntar as duas coisas." 144
4. "Facilitador coisa nenhuma! Eu sou é professor!" 147
5. Longe do Recife. E um dos maiores "fracassos" 149
6. Limites do diálogo e arco-íris de perguntas 153
7. "Uma das minhas brigas." 156

NÚMERO ZERO 159

1. Dobrando uma esquina, surpresa agradável 159

2. Em torno do diálogo: "Algo que pertence à própria natureza do ato de conhecer." 161

SEGUNDA PARTE 163

9 Educar sem impor, com amor e arte 165

1. A ideia de ser professora: "Estava dentro do meu dom." 165

2. De negativo na Escola antiga? "Não tínhamos aulas práticas." 166

3. Aluno de antigamente: mais imaginação. "Preparo para a vida ele quase não tinha." 168

4. Escola antiga? Autoritária, sim. Castigos: "A senhora não bate?" 170

5. "Com carinho, com amor, a gente conseguia muito mais!" 172

6. Lecionar para todas as séries. "E a gente não podia dizer: 'Eu gosto mais de matemática.'" 173

7. "Será por causa do salário? Mas o aluno não tem culpa!" 177

8. Entre o professor e o idoso "cricri": "A maneira de tratar é que conta!" 179

9. Aos jovens: gostar da profissão, tratar sempre a criança com amor 180

10. Reencarnar? "Como professora. Voltaria à criança, ao primário." 181

10 "Que raio de educação é essa?" 183

1. Marcas da infância: o aprendizado da escuta e "a voz de acalanto dele" 183

2. Cheiros, bolas de gude, bolsa da mãe: "uma belíssima aula de matemática!" — 185

3. Repressão? "Eu fui a única filha que levou palmada. Precisou." — 186

4. Escola, brincadeiras de rua, futebol. "A ruptura foi mesmo a da adolescência." — 187

5. Opção pela escola pública e "a alegria dos olhos dela" — 188

6. Almoçando com o Bernardo e com a Zezé. E "um besouro de ouro na minha gravatinha" — 191

7. O lanche gostoso e a fuga da amiga: "O pai dela tinha abusado dela." — 193

8. O pai preso, um plano mirabolante e a feijoada no quartel: "Íamos nós duas, de ônibus, com os panelões nas pernas." — 195

9. Professora fantástica: dona Rosa! Castigo? "Só fui pega no Chile." E um grande colégio de freiras. — 197

10. "Não, não vou. Imagina que eu vou pros Estados Unidos! Eu vou casar!" — 199

11. Relação triangular, "matar" o pai: "Ela me ajudou enormemente!" — 204

12. "Você escreve muito difícil!" E um pouco mais de fio-terra — 205

13. Filha do Paulo Freire na Guiné-Bissau: "Eu nunca tinha dado aula na minha vida!" — 208

14. Ter uma escola, nome pesado: nove meses procurando emprego — 210

15. Um processo doloroso, trezentos alunos, pânico. "Escola particular restringe a convivência?" — 213

16. Mesa quadrada, oito lugares, formação: "teorizando o que você está vivendo." — 216

17. "Em que medida o Paulo Freire terá influenciado essa mudança?" 220

18. "Que raio de educação é essa? Onde estão os problemas reais?" 221

19. "Uma escola que se diga cidadã está remando contra a maré." 223

20. Professor sozinho, desmoralizado. "Que escola deveríamos ter para responder a essa loucura toda?" 226

21. Ir de peito aberto, escutar, dialogar. "Um gostar de gente assim muito intenso." 229

NOTA DO EDITOR À 1ª EDIÇÃO

UM DIÁLOGO PROFUNDO, mas com a leveza das conversas à beira de uma lareira. Aparentemente (e na realidade o é) sem fim. Os personagens: dois educadores, duas gerações, duas vivências, ambos preocupados em chegar às raízes, criticar, iluminar esta misteriosa disciplina comumente conhecida como Pedagogia.

Paulo Freire (ainda é preciso dizer alguma coisa?), o Mestre, história viva da educação nesta e noutras terras. Sérgio Guimarães, educador nato, professor primário, ex-professor de Civilização Brasileira na Universidade de Lyon II. Os dois, Paulo e Sérgio, marcados por um grande amor pela arte de ensinar, de transformar e estimular a consciência das novas gerações de estudantes.

Um encontro para um papo, à primeira vista despretensioso, vai revelando pontos comuns, diferenças, e se transforma numa reflexão a dois, onde um leque variado de questões sobre Educação emerge, e em que experiências diversas se fundem numa busca comum. Uma caminhada, uma viagem que procura, na memória afetiva de ambos, as raízes de sua atuação presente. A pré-alfabetização, a escola, a disciplina, o autoritarismo, o saber e o ato de conhecer se tornam objeto de discussões filosóficas, como se a memória contribuísse como um fator estético enriquecedor do pensamento abstrato.

Por isso nos apressamos, o mais rapidamente possível, em transformar estes diálogos no primeiro volume de *Sobre Educação*.[1] Virão outros, frutos de tantas conversas, informais e profundas. Por ora, deixamos vocês, leitores especializados ou não, entregues a esta longa andarilhagem em busca do Novo.

---

[1] Para as edições de 2011, optou-se por trabalhar cada livro de forma independente. Dessa maneira, *Sobre educação: diálogos I* se tornou este *Partir da infância: diálogos sobre educação*. (N.E.)

Nota à 6ª edição
Na base, o diálogo

1. Inaugurando a série de livros dialogados

É verdade que a mesa redonda, de madeira escura, saiu da sala e foi para a cozinha. Mas continua a mesma, 23 anos depois do nosso primeiro diálogo. O apartamento também é o mesmo, num bairro central de São Paulo, a poucos metros da universidade que acolheu o Paulo em seu retorno do exílio — PUC para os íntimos, Pontifícia Universidade Católica para os demais.

Já fez as contas, certo? O ano era 1981. A primeira tentativa de fazermos um livro juntos havia falhado. Minha ideia inicial era a de começar discutindo o que me parecia ser problema-chave em sala de aula: o processo de avaliação. Nele apareciam, pensava eu, os conflitos todos que normalmente permeiam as relações professor-aluno, e que acabam por explodir quase sempre nesse momento de acerto de contas. Sugeri ao Paulo que começássemos por aí.

Surpresa minha: o Velho não quis. Achou que a conversa acabaria virando uma avaliação do trabalho dele, num momento em que já o criticavam a torto e a direito. Por dois segundos, me chateei:

— E se a gente começasse pelas crianças, então? Afinal, você tem discutido mais educação de adultos enquanto que professor primário aqui sou eu.

De cara o Paulo topou, e nos meses seguintes o gravadorzinho já não teve mais sossego: era chegar, almoçar e gravar. Uma, duas horas por dia; uma, duas vezes por semana, inaugurando a série de livros dialogados que o Paulo faria depois com Antonio Faundez, Donaldo Macedo, Frei Betto, Ira Shor...

2. "Ninguém pode dizer a palavra verdadeira sozinho."

No fundo, o que fizemos foi ovo de Colombo. Afinal, era apenas pôr em prática um conceito central que o Paulo havia exposto, de forma solitária, na *Pedagogia do oprimido*, seu livro mais conhecido: o diálogo. Melhor: "a dialogicidade — essência da educação como prática da liberdade", definia ele em seu capítulo 3.

Por ser realmente um dos pilares de todo o pensamento do Paulo, penso que vale a pena rever pelo menos alguns dos seus trechos fundamentais:

Quando tentamos um adentramento no diálogo, como fenômeno humano, se nos revela algo que já poderemos dizer ser ele mesmo: a palavra. Mas, ao encontrarmos a palavra, na análise do diálogo, como algo mais que um meio para que ele se faça, se nos impõe buscar, também, seus elementos constitutivos.

Esta busca nos leva a surpreender, nela, duas dimensões: ação e reflexão, de tal forma solidárias, em uma interação tão radical que, sacrificada, ainda que em parte, uma delas, se ressente, imediatamente, a outra. Não há palavra verdadeira que não seja práxis.[2] Daí que dizer a palavra verdadeira seja transformar o mundo.[3]

A prática do diálogo com o Paulo, pelo que eu observava na época, não era coisa fácil. Já então, o fascínio que o Paulo exercia ao falar era tal que a tendência mais frequente das pessoas era a de ouvi-lo, admirar seu raciocínio crítico, e deixá-lo falar:

> Mas, se dizer a palavra verdadeira, que é trabalho, que é práxis, é transformar o mundo, dizer a palavra não é privilégio de alguns homens, mas direito de todos os homens. Precisamente por isto, ninguém pode dizer a palavra verdadeira sozinho, ou dizê-la *para* os outros, num ato de prescrição, com a qual rouba a palavra aos demais.[4]

Concorda? Então escute esta definição dele, retomada frequentemente tanto na *Pedagogia do oprimido* quanto em outros trabalhos seus:

> O diálogo é este encontro dos homens, mediatizados pelo mundo, para *pronunciá-lo*, não se esgotando, portanto, na relação eu-tu.

---

[2] Palavra $\dfrac{\text{ação}}{\text{reflexão}}$ = Práxis

Sacrifício $\dfrac{\text{(da ação)} = \text{palavreria, verbalismo, blá-blá-blá}}{\text{(da reflexão)} = \text{ativismo}}$

[3] "Algumas destas reflexões nos foram motivadas em nossos diálogos com o Prof. Ernani Maria Fiori." Paulo Freire, *Pedagogia do oprimido*, 14ª ed. São Paulo: Paz e Terra, 1985, 220 p., p. 91 [50ª ed. São Paulo: Paz e Terra, 2011, p. 107].

[4] Id., ibid., p. 93 [109].

Esta é a razão por que não é possível o diálogo entre os que querem a *pronúncia* do mundo e os que não a querem; entre os que negam aos demais o direito de dizer a palavra e os que se acham negados deste direito. É preciso primeiro que os que assim se encontram negados no direito primordial de dizer a palavra reconquistem esse direito, proibindo que este assalto desumanizante continue.

Se é dizendo a palavra com que "pronunciando" o mundo, os homens o transformam, o diálogo se impõe como caminho pelo qual os homens ganham significação enquanto homens.

Por isto, o diálogo é uma exigência existencial. E, se ele é o encontro em que se solidariza o refletir e o agir de seus sujeitos endereçados ao mundo a ser transformado e humanizado, não pode reduzir-se a um ato de depositar ideias de um sujeito no outro, nem tampouco tornar-se simples troca de ideias a serem consumidas pelos permutantes.

Não é também discussão guerreira, polêmica, entre sujeitos que não aspiram a comprometer-se com a *pronúncia* do mundo, nem com buscar a verdade, mas com impor a sua.

Porque é encontro de homens que *pronunciam* o mundo, não deve ser doação do *pronunciar* de uns a outros. É um ato de criação.[5]

3. Como aperitivo, palavras-chave

Gostou? Ao reler esses primeiros trechos da *Pedagogia do oprimido* 35 anos depois da minha primeira leitura — clandestina, veja só!, em tempos ditadores — acabei me dando

---

[5] Id., ibid., pp. 93-94 [109-10].

conta de que valia a pena reler o livro todo. Foi o que fiz, e sugiro que você faça o mesmo.

Foi essa releitura que me convenceu a retomar as ideias básicas do Paulo sobre o diálogo, ao preparar esta nova edição. E enquanto você não pega a própria *Pedagogia do oprimido*, resolvi deixar aqui, como aperitivo, alguns dos trechos que me pareceram fundamentais.

Você verá que, em torno do diálogo, aparecem palavras-chave não apenas para as ideias do Paulo, mas para a educação em geral: amor, coragem, humildade, fé nos homens, confiança, esperança, pensar crítico.

Amor, coragem?

Não há diálogo, porém, se não há um profundo amor ao mundo e aos homens. Não é possível a *pronúncia* do mundo, que é um ato de criação e recriação, se não há amor que a infunda.

Sendo fundamento do diálogo, o amor é, também, diálogo. Daí que seja essencialmente tarefa de sujeitos e que não possa verificar-se na relação de dominação. Nesta, o que há é patologia do amor: sadismo em quem domina, masoquismo nos dominados. Amor, não. Porque é um ato de coragem, nunca de medo, o amor é compromisso com os homens. Onde quer que estejam estes, oprimidos, o ato de amor está em comprometer-se com sua causa. A causa de sua libertação. Mas este compromisso, porque é amoroso, é dialógico.[6]

De acordo. É bem verdade que, trinta e tantos anos depois, há quem critique o Paulo também pela linguagem: 'oprimidos'? 'libertação'? Uns preferem hoje escamotear a questão das classes. Outros falam agora de luta contra a

---

[6] Id., ibid., pp. 93-94 [110-11].

pobreza, como se todos fossem realmente contra. Para o nosso caso aqui, melhor deixar para lá.

E a *humildade*, Paulo?

Não há, por outro lado, diálogo se não há humildade. A *pronúncia* do mundo, com que os homens o recriam permanentemente, não pode ser um ato arrogante.

O diálogo, como encontro dos homens para a tarefa comum de saber agir, se rompe se seus polos (ou um deles) perdem a humildade.

Como posso dialogar, se alieno a ignorância, isto é, se a vejo sempre no outro, nunca em mim?

(...)

A autossuficiência é incompatível com o diálogo. Os homens que não têm humildade, ou a perdem, não podem aproximar-se do povo. Não podem ser seus companheiros de *pronúncia* do mundo. Se alguém não é capaz de sentir-se e saber-se tão homem quanto os outros, é que lhe falta ainda muito que caminhar, para chegar ao lugar de encontro com eles. Neste lugar de encontro, não há ignorantes absolutos, sem sábios absolutos: há homens que, em comunhão, buscam saber mais.[7]

Pode parecer coisa de religião. Afinal, que *fé* é essa, a de que fala o Paulo?

Não há também diálogo se não há uma intensa fé nos homens. Fé no seu poder de fazer e de refazer. De criar e recriar. Fé na vocação de *Ser Mais*, que não é privilégio de alguns eleitos, mas direito dos homens.

---

[7] Id., ibid., pp. 94-95 [111-2].

A fé nos homens é um dado *a priori* do diálogo. Por isto, existe, antes mesmo que ele se instale. (...) Esta, contudo, não é uma ingênua fé. O homem dialógico, que é crítico, sabe que, se o poder de fazer, de criar, de transformar, é um poder dos homens, sabe também que podem eles, em situação concreta, alienados, ter este poder prejudicado. Esta possibilidade, porém, em lugar de matar no homem dialógico a sua fé nos homens, aparece a ele, pelo contrário, como um desafio ao qual tem de responder. Está convencido de que este poder de fazer e transformar, mesmo que negado em situações concretas, tende a renascer. Pode renascer. Pode constituir-se. Não gratuitamente, mas na e pela luta pela sua libertação. (...)

Sem esta fé nos homens o diálogo é uma farsa. Transforma-se, na melhor das hipóteses, em manipulação adocicadamente paternalista.[8]

A essa altura do texto, alguém poderá estar achando que é citação demais. Você acha? Se achar, sugiro então que pare por aqui e salte logo para o primeiro capítulo do livro, com uma condição: promete que vai ler pelo menos o capítulo 3 da *Pedagogia do oprimido* ao mesmo tempo?

Se não, por via das dúvidas, vamos em frente que não falta muito, pode ter *confiança*. Veja só como o Paulo vai alinhavando essas ideias todas sobre o diálogo:

Ao fundar-se no amor, na humildade, na fé nos homens, o diálogo se faz numa relação horizontal, em que a confiança de um polo no outro é consequência óbvia. Seria uma contradição se, amoroso, humilde e cheio de fé, o diálogo não provocasse esse clima de confiança entre seus sujeitos. Por

---

[8] Id., ibid., pp. 95-96 [112-3].

PARTIR DA INFÂNCIA | 21

isto, inexiste esta confiança na antidialogicidade da concepção "bancária" da educação.

Se a fé nos homens é um *a priori* do diálogo, a confiança se instaura com ele. A confiança vai fazendo os sujeitos dialógicos cada vez mais companheiros na *pronúncia* do mundo. Se falha esta confiança, é que falharam as condições discutidas anteriormente.[9]

Agora leia com atenção a passagem seguinte, e veja se não cai como uma luva em muitas mãos que fazem a nossa realidade política, tanto à direita quanto à esquerda:

Um falso amor, uma falsa humildade, uma debilitada fé nos homens não podem gerar confiança. A confiança implica no testemunho que um sujeito dá aos outros de suas reais e concretas intenções. Não pode existir se a palavra, descaracterizada, não coincide com os atos. Dizer uma coisa e fazer outra, não levando a palavra a sério, não pode ser estímulo à confiança.

Falar, por exemplo, em democracia, e silenciar o povo é uma farsa. Falar em humanismo e negar os homens é uma mentira.[10]

Sobre *esperança* o Paulo acabou escrevendo um outro livro inteiro, mas o que nos interessa aqui está mesmo neste trecho:

Tampouco há diálogo sem esperança. A esperança está na raiz da inconclusão dos homens, a partir da qual se movem

---

[9] Id., ibid., p. 96 [113].
[10] Id., ibid., p. 96 [113].

estes em permanente busca. Busca que, como já assinalamos, não pode dar-se de forma isolada, mas sim numa comunhão com os demais homens, por isso mesmo inviável numa situação concreta de opressão.

A desesperança é também uma forma de silenciar, de negar o mundo, de fugir dele. A desumanização, que resulta da "ordem injusta", não pode ser razão para a perda da esperança, mas, ao contrário, deve ser motivo de uma maior esperança, a que conduz a busca incessante da instauração da humanidade negada na injustiça.

Não é, porém, a esperança um cruzar de braços e esperar. Movo-me na esperança enquanto luto e, se luto com esperança, espero.

Se o diálogo é o encontro dos homens para Ser Mais, não pode fazer-se de desesperança. Se os sujeitos do diálogo nada esperam do seu quefazer, já não pode haver diálogo. O seu encontro é vazio e estéril. É burocrático e fastidioso.[11]

Acabou? Está quase. Só falta agora a questão do que o Paulo chama de *pensar verdadeiro*:

Finalmente, não há o diálogo verdadeiro se não há nos seus sujeitos um pensar verdadeiro. Pensar crítico. Pensar que, não aceitando a dicotomia mundo-homens, reconhece entre eles uma inquebrantável solidariedade.

Este é um pensar que percebe a realidade como processo, que a capta em constante devenir e não como algo estático. Não se dicotomiza a si mesmo na ação. Banha-se permanentemente de temporalidade, cujos riscos não teme.

---

[11] Id., ibid., pp. 95-97 [113-4].

Opõe-se ao pensar ingênuo, que vê o "tempo histórico como um peso, como uma estratificação das aquisições e experiências do passado" de que resulta dever ser o presente algo normalizado e bem comportado.

Para o pensar ingênuo, o importante é a acomodação a este hoje normalizado. Para o crítico, a transformação permanente da realidade, para a permanente humanização dos homens (...)

Para o pensar ingênuo, a meta é agarrar-se a este espaço garantido, ajustando-se a ele e, negando a temporalidade, negar-se a si mesmo.

Somente o diálogo, que implica num pensar crítico, é capaz, também, de gerá-lo.

Sem ele, não há comunicação e sem esta não há verdadeira educação. A que, operando a superação da contradição educador-educando, se instaura como situação gnosiológica, em que os sujeitos incidem seu ato cognoscente sobre o objeto cognoscível que os mediatiza.[12]

Entendeu? Aqui entre nós: da primeira vez que eu li isso de situação "gnosiológica" e de "ato cognoscente sobre o objeto cognoscível", fiquei na mesma. Mas não era nada que um bom dicionário não destrinchasse. E como o estilo oratório do Paulo é muitas vezes barroco, na sequência da melhor tradição literária que culminou com o padre Antonio Vieira — que me valha o estalo — há sempre oportunidades para que o conceito volte, de novo dito e redito, permitindo assim que a compreensão logo, logo aconteça. Aliás, o capítulo 5, "Da disciplina, numa relação curiosa", dá bons exemplos, vale a pena conferir. Por último:

---

[12] Id., ibid., pp. 97-8 [114-5].

Daí que, para esta concepção da educação como prática da liberdade, a sua dialogicidade comece não quando o educador-educando se encontra com os educandos-educadores em uma situação pedagógica, mas antes, quando aquele se pergunta em torno do que vai dialogar com estes. Esta inquietação em torno do conteúdo do diálogo é a inquietação em torno do conteúdo programático da educação.[13]

4. DOIS CAPÍTULOS NOVOS E DOIS DESAFIOS

Agora chega de citações do Paulo. O que falta acrescentar aqui é o que há de novo neste livrinho e que justifica o termo "edição" em vez de "reimpressão" na capa. Como faz hoje exatamente sete anos que o Velho se mandou, me deixando em situação de diálogo concretamente impossível com ele, resolvi fazer aqui algo que já tínhamos discutido, mas que nunca pudemos pôr em prática: convidar novos interlocutores para conversarem conosco.

Daí surgiu a segunda parte, inteiramente inédita, com dois capítulos de que, espero, você goste tanto de ler quanto eu gostei de fazer. E mais não digo, como diz o outro, nem que seja perguntado.

Quanto aos diálogos todos que vêm a seguir — agora que você já está a par do que pensava o Paulo a respeito — ficam dois desafios. Primeiro: o de que você analise, de forma crítica, até que ponto eles refletem realmente as ideias apresentadas nesta Nota. Segundo: o de que, na prática do dia a dia — na escola, em casa, onde quer que seja — você e as pessoas com quem se relacione possam desenvolver cada

---

[13] Id., ibid., pp. 97-98 [115-6].

vez mais diálogos autênticos. Ou seja, diálogos que, à medida que nos levem permanentemente a aprender e a ensinar, nos permitam ser menos individualistas e mais solidários. Em suma: ser mais, e melhor.

Sérgio Guimarães

Bissau, 2 de maio de 2004

PRIMEIRA PARTE

1
Partir da infância

1. "Que a gente se pergunte."

Sérgio: Eu começaria improvisando e "jogando a bola" para você, ou seja: depois do que a gente já discutiu sobre essa ideia de um livro, por onde é que você começaria?

Paulo: Olha, a ideia como eu te disse, não sei se eu ia dizendo "me fascina", ou se é exagero, acho que não. Acho um projeto que vale a pena ser tentado, desde, sobretudo, que a gente parta para o projeto de tal maneira abertos a ele que a gente admita que o projeto se constituirá exatamente no diálogo.

No fundo, a gente poderia vir a ter um mínimo da ideia do que ele pode ser, numa conversa de dez minutos. Daí em diante, acho que o projeto vai-se constituindo nas nossas conversas, nas nossas perguntas um ao outro. E, nesse sentido, talvez fosse interessante que a gente se permitisse participar do projeto comum com um pouco de memória também, na medida em que a gente se pergunte sobre a educação, por exemplo, em geral, e que se procure no tempo. Um tempo que é muito mais próximo para você do que para mim.

Sérgio: Sim, mas quando você fala de se perguntar sobre educação no tempo, isso já levanta um problema de "por onde partir". Vamos partir de onde? Da infância? Provavelmente, não?

2. À SOMBRA DAS MANGUEIRAS, O GIZ ERAM GRAVETOS E O QUADRO-NEGRO ERA O CHÃO

PAULO: Eu acho. A gente poderia fazer assim uma espécie de balanço, não da infância enquanto infância minha ou tua tomada como objeto da reflexão nossa, nem para refazê-la em termos de história aqui, ou se contar a história da infância! Eu falaria da infância enquanto escolaridade, por exemplo.

SÉRGIO: Certo. Aí, aliás, você já fixa um mapa a partir do qual começaríamos a trabalhar. Então, o melhor mesmo é se partir para a ofensiva. E, nesse caso, considerando sobretudo que a sua memória é mais vasta do que a minha, em primeiro lugar no que diz respeito ao tempo, pergunto: quando você era menino, como é que foi a sua entrada para a escola? Como é que você ficou sabendo que a escola existia?

PAULO: [Eu tenho impressão de que], para responder a essas perguntas, eu teria primeiro que me rever no momento que precedeu a ida à escola, mas que foi já um momento de aprendizagem, sistemática, se eu quase posso dizer assim.

Foi o momento preciso em que me alfabetizei, com meus pais, à sombra das árvores do quintal da casa em que nasci.

SÉRGIO: Onde isso?

PAULO: No Recife, em Casa Amarela, Estrada do Encanamento, 724.

SÉRGIO: Quer dizer que foram teus pais que começaram a te alfabetizar?

PAULO: Exato. E é interessante: em primeiro lugar eles me alfabetizaram partindo de palavras minhas, palavras da minha infância, palavras da minha prática como criança, da minha experiência, e não das palavras deles. Você veja como isso me marcou, anos depois. Já homem, eu proponho isso! No nível da alfabetização de adultos, por exemplo.

Mas eu disse recentemente num texto que escrevi, com referência a isso, que o meu giz, nessa época, eram gravetos da mangueira em cuja sombra eu aprendi a ler, e o meu quadro-negro era o chão.[14]

SÉRGIO: Mas quem foi que te alfabetizou? Foi mais teu pai, foi mais tua mãe? Ou os dois?

PAULO: Eu me lembro exatamente... Agora, na volta ao Brasil, visitei a casa, o quintal... me lembro exatamente... das duas mangueiras... no meio das quais meu pai dependurava a rede... me lembro daquele pedaço de alguns metros que possibilitavam o ir e vir da rede, e que tinha uma área assim bem limpa no chão. Minha mãe costumava sentar ao lado, numa cadeira de vime... meu pai balançava-se... Eu tenho no ouvido ainda o ranger, com atrito, da rede... Não que eles tivessem feito daquele espaço a escola minha. E isto é que eu acho formidável: a informação e a formação que me iam dando se davam num espaço informal, que não era o escolar, e me preparavam para este, posteriormente.

SÉRGIO: Era, puramente, o pré-escolar, não?

PAULO: Exato! Livre, despretensioso...

SÉRGIO: ...vivido...

PAULO: ...vivido, muito livre. E ali eu aprendi realmente a ler e a escrever. Assim, quando fui para uma escolinha

---

[14] Trata-se de *A importância do ato de ler*, publicado pela Editora Autores Associados e Cortez Editora. São Paulo, 1982.

primária... A minha primeira escolinha primária, e eu me refiro também a ela nesse texto que recém-escrevi, não foi ainda uma escola pública. Era uma escolinha particular, de uma professorinha que morreu há quatro anos. Ela me apanhou alfabetizado, direitinho, escrevendo, fazendo cópias! Com ela devo ter estudado um ano, um ano e pouco! E o que me marcou muito, na minha passagem por ela e com ela, foi exatamente uma coisa que ela costumava chamar de "formar sentenças". Era um exercício que a mim me agradava enormemente, porque ela me pedia que eu escrevesse num papel duas, três palavras que eu soubesse. E eu escrevia; em seguida ela lia e depois me propunha um outro exercício: que eu dissesse algumas coisas com aquelas palavras.

SÉRGIO: Pois é o velho exercício de "formar sentenças", que tinha até uma variação do tipo "formar sentenças à vista de uma gravura"!

PAULO: Isso! Ela fazia esse exercício comigo que era uma beleza! Se bem-feito, isso é extraordinário!

Em primeiro lugar, ela me sugeria que eu formasse sentenças com aquelas palavras, mas oralmente, falando! Veja como ela tinha também a intuição da oralidade, da necessidade do exercício da expressividade oral da criança.

Vamos admitir, por exemplo, que uma das palavras fosse *bola*, e que eu tivesse dito a ela "Eu tenho uma bola". Ela aí dizia: "Ok, agora escreve isso." E eu escrevia e, se eu cometia erros, o que é que ocorria? Os erros eram corrigidos sobre a prática e na prática. Não eram abstrações.

Eu me lembro que foi assim também que, com ela, eu tive uma introdução, muito criança ainda, aos verbos. Mas, em lugar de eu decorar o tempo presente do modo indicativo do verbo *ter*, eu vivia o verbo *ter* no presente do indicativo, como vivia no pretérito imperfeito. Afinal de contas, verbo se aprende assim, e não como muita gente aprendia. Não sei se ainda hoje, mas no meu tempo se costumava mandar que a criança ou o adolescente do ginásio fizesse a recitação memorizada mecanicamente dos tempos e dos modos dos verbos, conjugados. Isso não tem sentido! O "eu sou" em si, na pura recitação do tempo verbal, não é coisa nenhuma.

3. Militar e bordadeira. (Ou: Joaquim e Tudinha.)

Sérgio: Mas, Paulo, voltando um pouco ainda a essa cena debaixo das mangueiras: seus pais eram professores?

Paulo: Não. Eu diria que eles eram muito bons educadores, mas não tinham nenhuma formação de professor.

Sérgio: O que é que eles faziam?

Paulo: Minha mãe era essa coisa eufêmica que se chama "prendas domésticas". Era uma bordadeira excelente! Minha mãe era do século passado.

Sérgio: Com as ideias do século passado também?

Paulo: Não, não, e isso é que eu acho extraordinário! Vim ao mundo na primeira parte deste século, filho de pais que vinham do fim do século passado. Mas que compreensão minha mãe e meu pai tinham da formação, da educação, do uso da liberdade, da criatividade, do respeito, da tolerância!...

Sérgio: Eles tinham aprendido isso da escola?

Paulo: Não, na verdade não sei. No fundo, o ser humano é misterioso. Veja o seguinte: ambos eram nordestinos. Meu pai, rio-grandense do norte; minha mãe, pernambucana. Ambos nascidos no mesmo pedaço do século passado, ele mais velho dez anos do que ela; ambos de classe média; ambos devem ter vivido metidos na mesma geografia, na mesma cultura, na mesma classe social; devem ter tido experiências escolares semelhantes.

Meu pai, tendo feito um pouco mais do que ela, pois tinha chegado a fazer o chamado ginásio completo no Rio Grande do Norte, falava muito bem o francês, por exemplo. Ambos marcados indiscutivelmente por uma cultura patriarcal, intensamente macha, que é a cultura sobretudo do Nordeste.

Pois bem: ambos se experimentam enquanto pai e mãe nos anos 1920. Eu, por exemplo, nasci em 1921, e sou o mais moço. Nos anos 1922, 1923, 1924 começam a ser pais. Antes até: começam a ser pais no ano 1916.

SÉRGIO: Pais de quantos filhos?

PAULO: De seis filhos, dos quais morreram dois, que eu não conheci. E ambos tinham uma forma de comportar-se que obviamente revelava também, de vez em quando, marcas, tanto quanto eu me lembre, de um certo autoritarismo que se disfarçava... Mas, em peso, *grosso modo*, a posição de ambos foi sempre uma posição muito aberta. Eu costumo dizer que a minha experiência de diálogo começou com eles, realmente, e com o testemunho, inclusive, deles.

SÉRGIO: Seu pai fazia o quê?

PAULO: Meu pai era sargento do Exército. Nasceu no Rio Grande do Norte e, no começo deste século[15], veio para Recife e sentou praça no Exército. Quando ele era sargento (não me lembro bem agora exatamente o ano), um governador do estado de Pernambuco, que, por sinal, era general, reformulando a Polícia Militar do estado, trans-

---

[15] Século XX. (N.E.)

feriu uma série de sargentos do Exército para o corpo da Polícia Militar, como oficiais. Meu pai foi um desses jovens sargentos da época e morreu como capitão reformado, porque sofreu um acidente e teve que se reformar: vítima de um aneurisma, não pôde continuar na ativa.

A sua formação anterior, portanto, era a de ter feito o ginásio completo, e mais: com um domínio muito bom da língua portuguesa e da francesa. Era um sujeito muito versátil, muito curioso.

SÉRGIO: A profissão dele não trazia nenhuma repercussão no tipo de educação que dava aos filhos?

PAULO: Meu pai, tanto quanto me lembre dele — e eu me lembro muito dele, pela marca que exerceu e exerce sobre mim — era um homem que tinha certas virtudes que um militar pode e deve desenvolver, como, por exemplo, o senso da disciplina, que ele jamais converteu em autoritarismo. Isso é que considero excelente nele; porque a disciplina é absolutamente fundamental, eu acho, mas desde que seja a expressão de uma relação harmoniosa entre polos contraditórios, que são a autoridade e a liberdade.

Quando essa contradição vira antagônica, a disciplina deixa de existir: ou porque em lugar dela está havendo licenciosidade, que seria então a ruptura desse equilíbrio em favor da liberdade, que deixa de ser liberdade e vira licença; ou em favor da autoridade, que deixa de ser autoridade e vira autoritarismo.

Meu pai viveu sempre essa harmonia na contradição entre sua autoridade e nossa liberdade. E é interessante, Sérgio: foi exatamente vivendo muito bem a minha liberdade em face da autoridade dele e de minha mãe que indiscutivelmente eu comecei a constituir a minha hoje autoridade de pai. No fundo, minha autoridade de pai se gerou na minha liberdade de filho em relação contraditória com a autoridade de meu pai e de minha mãe.

Engraçado, a tua pergunta é válida: ele era um militar, mas não era um autoritário; ele tinha autoridade, fazia a sua autoridade, legítima. Mas jamais exacerbou essa autoridade. Isso "batia" muito com a forma de ser de minha mãe, que era, inclusive, muito meiga e muito mansa, nesse sentido mais do que ele. Ele era também muito afetivo e extrovertido na sua afetividade, mas menos meigo do que a velha.

O testemunho dos dois, assim, foi um testemunho para nós todos — não só para mim — de como era possível experimentar a criação de uma felicidade entre pessoas que são dois mundos, afinal de contas: de um lado, a mulher; de outro, o homem.

SÉRGIO: Como é que seu pai e sua mãe se chamavam?

PAULO: Meu pai se chamava Joaquim. Minha mãe, Edeltrudes. Edeltrudes! Mas, na vida comum, todo mundo a chamava de Tudinha. "Edeltrudes" era muito difícil e então virou Tudinha. E o velho era Joaquim, que é o mesmo nome de um filho meu.

SÉRGIO: Dentro de uma família onde os pais tinham essa maneira de ser, você fez então a sua formação pré-escolar. Dessa experiência, você extraiu alguma crítica em relação a essa formação?

PAULO: Não. Eu corro até o risco de parecer que idealizo demais, mas posso dizer que tive uma infância feliz, apesar das dificuldades que começamos a viver, sobretudo a partir de meus oito, nove anos. Dificuldades que a família começou a experimentar como reflexo da grande crise de 1929 que começa a se expressar antes do chamado *crack* de 29, e se prolonga também depois. Mas, apesar da dureza que a gente experimentou, eu tive, na verdade, uma infância feliz, com a felicidade de meu pai e de minha mãe, apenas profundamente marcada de dor depois da morte dele, que me surpreendeu muito criança ainda: meu velho morreu quando eu tinha treze anos. Daí por diante, a crise aumentou; com a morte dele, a coisa piorou. Mas, fora isso, eu diria críticas, obviamente, aos anos de escolaridade.

4. Eunice e dona Amélia: da escola particular à isolada

Sérgio: Quanto a esses anos de escolaridade, eu gostaria de compreender um pouquinho a entrada de uma criança como você, que teve a possibilidade de viver numa família com essas características, para uma escola onde nem sempre os valores e as atividades iam no mesmo sentido que o da sua família. Como é que para você, que tinha sido até então educado num ambiente de autoridade legítima e de respeito à sua liberdade... Como é que acontece a sua passagem para a escola? Você sentiu alguma diferença?

Paulo: Em primeiro lugar, há a minha experiência na escolinha particular da jovem Eunice Vasconcelos, a quem fiz referência antes. Entre a minha experiência de casa e a experiência da casa dela, não havia diferença nenhuma do ponto de vista da educação. Ela possuía mais ou menos a mesma mentalidade de meus pais, de maneira que não atrapalhava nada em mim. Essa foi a minha primeira professora. Daí eu saio para a escola pública.

Sérgio: Você disse que, quando entrou no primeiro ano primário nessa escolinha, já estava praticamente alfabetizado, já lia e escrevia. E os seus outros colegas de escola tinham mais ou menos esse mesmo nível de preparação pré-escolar, ou não?

PAULO: Que eu me lembre, os da escolinha particular da Eunice tinham. Eu tive experiências diferentes quando passei para uma escola maior, pública, com possivelmente vinte ou trinta crianças na mesma série, e uma professora... engraçado, uma professora bondosa. Eu ainda me lembro dessa professora.

Recentemente, eu passei pela rua em que havia essa escola. Era uma escola pública e isolada. Ainda hoje existe, não? Escola isolada, em que há só uma professora. Engraçado, Sérgio, eu não tenho nada contra as três ou quatro professoras primárias com quem me experimentei.

SÉRGIO: Essa sua segunda professora primária, se ela estava numa escola pública isolada, sendo sozinha, provavelmente tinha numa mesma classe alunos de séries diferentes, não?

PAULO: Exato.

SÉRGIO: Você se lembra da maneira como ela resolvia os seus problemas em sala de aula?

PAULO: Não, não. Eu gostaria ao máximo aqui de ser muito fiel à minha memória — já contando com o risco de estar convencido de coisas que não houve. Há sempre esse risco, que é uma traição da memória.

Mas não me lembro, então, exatamente de como é que a professora... me lembro do nome dela, professora Amélia... como é que dona Amélia se resolvia do ponto de vista da sua prática pedagógica para enfrentar diferentes níveis com crianças de diferentes séries... Não me lembro mais que tipo de exercícios... Então, qualquer tentativa de narração disso será falsa, e apenas eu iria dizer o que observei depois de homem.

Sérgio: Sim, mas como é que você encara a experiência de um professor primário que, com toda a complexidade que é trabalhar com crianças nessa idade, tem como função o magistério de quatro pistas de aprendizagem diferentes, que correspondem a quatro anos diferentes de escolaridade? O que é que você acha que se exige de uma professora que, em muitos casos, é a mais humilde, a menos favorecida, digamos, em termos de *status*? A gente sabe que as professoras que progrediam na própria carreira logo saíam das escolas isoladas e iam ocupar, dentro de outras escolas públicas, classes com crianças de apenas uma série.

Paulo: Eu tenho impressão de que você, inclusive, deve já já inverter os papéis e falar um pouco da sua experiência, não apenas como aluno, mas também como professor primário. Acho que o valor dessa conversa nossa é que ela pretende ser algo mais do que uma entrevista. É uma entrevista mútua.

Sérgio: Sim, mas entenda que, como a minha curiosidade é grande, é normal que eu dê cordas a ela.

Paulo: Claro, mas tenho impressão de que, depois, você deve também falar um pouco disso. Mas eu tento responder à pergunta.

Em primeiro lugar, é uma situação que apresenta dificuldades à educadora e que se explica em função das condições difíceis que possa ter um município, um estado, um país, sem meios de superar esse tipo de prática pedagógica; em que uma educadora, só, tem que enfrentar, num período de quatro horas de atividades, por exemplo, três, quatro níveis distintos.

Mas, por outro lado — e eu gostaria de ouvir a tua opinião depois — acho que a negatividade disso tem também a sua positividade. A situação não é exclusivamente negativa, porque proporciona, de um lado à própria educadora, e de outro aos educandos, uma riqueza bastante maior, que resulta da própria disparidade dos níveis.

No fundo, essas escolas isoladas se situam, de modo geral, em áreas populares. Por isso mesmo é que estão lá! Em áreas cujas crianças têm uma prática na rua, têm desenvolvida uma certa sabedoria de rua, uma experiência aberta, altamente criadora e inovadora; crianças que não estão submetidas a determinadas formas burocratizadas de comportar-se, de sentar-se, de abrir um caderno.

Se a educadora tem sensibilidade social, histórica, política, e boa — relativa, pelo menos — formação pedagógica; se ela é capaz de compreender bem a sua própria prática, refletir sobre a sua prática diária, a impressão que tenho é a de que, sem prejuízo dos alunos de diferentes níveis, ela pode aproveitar essa diferença e, em certo sentido, explorar a falta de conhecimento sistematizado de alguns num certo nível e o maior conhecimento sistematizado de outros num outro nível, fazendo uma espécie de intercâmbio, por exemplo, dentro da própria experiência global da classe.

SÉRGIO: E lá está você já encontrando uma solução brilhante para o trabalho do professor numa escola isolada! *(ri)*

PAULO: Que é difícil, realmente, não? Para isso, contudo, creio que seria importante que a professora de escola isolada não estivesse tão isolada! Isolada de instrumentos, isolada de materiais, isolada de companheirismo, isolada de *encontros em que se fizesse a análise da* prática, por exemplo. Se houvesse vinte escolas isoladas numa certa área popular, que essas professoras se reunissem pelo menos quinzenalmente; que houvesse uma manhã, um dia inteiro, considerado dia-trabalho, em que essas professoras discutissem sua prática, suas dificuldades: como confrontar as dificuldades duma escola isolada; como superar o autoritarismo que vem da própria Secretaria da Educação, de cima para baixo, através de disposições, dos pacotinhos das determinações que a professora recebe, de uma Secretaria que está quilométrica, astronauticamente distante do real, do concreto!

É preciso, então, que a professora que atua numa escola isolada lute muito para não perder a esperança. E isso é o que acho fundamental: ela tem que ter — e o difícil é isso! — uma certa clareza política, para que a esperança não morra. Ora, nem sempre essa clareza política surge assim...

SÉRGIO: Lamentavelmente, na maior parte dos casos, é essa professora — de quem todos esses requisitos na prática seriam exigidos para desempenhar bem o seu papel —, é essa professora que é a mais abandonada. É a última a saber das inovações pedagógicas, das experiências que se discutem, desse intercâmbio de que você mesmo falou. É a professora traída do sistema todo, não?

PAULO: Exato!

5. FAMÍLIA DE PROFESSORAS, CRIANÇA CALÇADA NO JARDIM E BOLINHAS DE GUDE: "NÃO TÍNHAMOS POR QUE RECLAMAR."

SÉRGIO: Mas já que você falou em inverter um pouquinho o polo da curiosidade, o negócio é o seguinte: eu venho de uma família povoada de professoras, tanto do lado de meu pai quanto de minha mãe; sou filho de professora primária, e sou professor primário por insistência de minha mãe.

PAULO: E ela está de parabéns.

SÉRGIO: Eu estava com problemas de definição, já na adolescência, quanto ao que iria assumir como profissão — e eu tinha pela frente um clássico, um científico, ou um normal. Minha mãe, professora primária já de longos anos de ensino, me aconselhou, e de uma certa maneira me induziu, a procurar uma formação de segundo grau que me permitisse, logo após o seu término, passar a exercer uma profissão. Ora, o clássico não dava profissão a ninguém. O científico também não. Eram, na época, simplesmente períodos escolares preparatórios, por exemplo, ao curso de letras, à área de humanas, ou então às áreas de exatas ou médicas. Entre essas três opções, o Normal era o único canal de ensino de segundo grau que permitia o exercício, logo a seguir, de uma profissão. Foi isso o que me levou, inclusive, a exercer essa profissão. Daí é que eu vim a ser professor primário.

A minha formação, digamos, pré-escolar começou, não com minha mãe, nem com meu pai, por uma razão muito simples: como professora primária minha mãe achava que a formação pré-primária, a pré-alfabetização e, de certa forma, a introdução à visão matemática do mundo, à visão de estudos sociais, de geografia, de ciências, de higiene e saúde, como aprendizagem, era tarefa do que na época a gente chamava de jardim de infância. E foi num jardim de infância, de freiras, que minha mãe me colocou.

PAULO: Você veja, fazendo um parêntesis à sua exposição: as nossas gerações se explicitam agora nessa conversa nossa, se delimitam. Você é da geração do jardim de infância; essa é a geração de minhas filhas e de um pouco antes até. E não a minha. Engraçado...

SÉRGIO: Na época não havia jardim de infância?

PAULO: Não, pelo menos no Recife. Por exemplo, minha mulher também é professora, Elza, com quem eu não apenas aprendi muito, mas continuo a aprender. E a posição da Elza era exatamente essa da tua mãe também. Foi por isso que as filhas nossas e os filhos nossos também passaram, todos, por seus Jardins, e não com ela. Ela foi também, a Elza, uma excelente jardineira, mas no Jardim que ela coordenava as suas filhas não entravam, porque ela achava que não podia ser neutra com as suas filhas no Jardim.

SÉRGIO: Mas, olha, então eu entro no jardim de infância e, talvez aos cinco anos, começo a descobrir as palavras escritas, os letreiros na cidade. Era uma cidade pequena, Santo Anastácio, em São Paulo, e minha mãe era professora efetiva numa escola pública, no Grupo Escolar "Enrico Bertoni". Eu começo a descobrir isso tudo e, já no final do Jardim, estou praticamente alfabetizado, mas alfabetizado não no sentido linguístico apenas. Eu encararia a alfabetização aí de uma forma mais ampla, ou seja: eu já possuía não apenas noções da língua em termos de habilidade para ler e escrever, mas também noções elementares em relação à matemática, à saúde; algumas noções elementares relativas à história. Claro que tudo visto de uma forma muito tradicional, muito acadêmica e, num certo sentido, por ter sido em jardim de infância cuidado por freiras, acompanhado sub-repticiamente por uma formação religiosa muito intensa.

Quando eu saio do jardim de infância e passo para a escola pública, aí sim me dou conta de que havia problemas. Comecei a sentir, na realidade, como aluno, um problema sério entre os alunos da época: eu era filho de uma professora primária e de um pai que tinha feito até o segundo

PARTIR DA INFÂNCIA | 43

ano de Escola Normal, também por insistência da minha mãe, só que meu pai não terminou. Meu pai ajudava meu avô no comércio. Meu avô começou como comerciante, depois foi fazendeiro e fez praticamente a trajetória de todo comerciante que foi pioneiro, explorando o oeste paulista, na época. Meu pai ficava mais no comércio; minha mãe, no magistério.

E nós tínhamos um padrão de vida de classe média de interior, classe média que, pelo menos do lado do meu pai, era ascendente. Digo "do lado do meu pai", porque classe média onde a mãe ou o pai é professor primário, a meu ver, não tem possibilidade de ascensão social nenhuma. O que me fazia estar ligado a uma classe média ascendente, portanto, vinha do lado do meu pai, que, pelo comércio, poderia subir por meio do meu avô, apesar de meu pai não ser dono: ele era empregado do meu avô. Bem, eu vinha de uma família que dava roupa aos seus filhos, que dava sapato. Era uma criança calçada, uma criança razoavelmente bem alimentada. As conversas em casa, por outro lado, me faziam desenvolver um vocabulário que nem toda criança desenvolvia.

E, quando eu chego, então, ao primeiro ano primário, começo a me dar conta de que as crianças não estavam todas na mesma situação. Passei por um jardim de infância, que era pago: nem todas as crianças tinham tido jardim de infância; eu tinha. Toda a minha prontidão tinha sido feita, e eu já entrava na escola primária pronto para ser escolarizado, a nível de programa específico de cada série. Outras crianças também tinham essas condições, é claro, mas havia crianças, colegas, que não tinham essas condições. E aí começaram os primeiros problemas.

Eu me lembro da habilidade com que a minha primeira professora, dona Mariazinha, conduzia a classe, procurando às vezes aproveitar essas diferenças que vinham da origem social de cada um, para que houvesse um certo intercâmbio. Ela fazia isso tudo intuitivamente. Nós estávamos longe de discussões desse tipo nas Escolas Normais, que não estavam preocupadas com esse tipo de formação. Na época também a coisa não era assim teorizada, não é?

Eu me lembro, também, da minha participação numa espécie de corrida pelo primeiro, pelo segundo lugar. Claro, havia o sistema de notas de aproveitamento escolar, e nós, que éramos filhos de professoras primárias, de profissionais liberais, de advogados, do juiz, de oficiais de justiça, de comerciantes da cidade, ou mesmo filhos de fazendeiros de lá... Aliás, a Alta Sorocabana é uma região em que a pecuária e a lavoura proliferavam na época; eram setores assim bem prósperos da economia regional. Pois bem, claro que nós, nessa corrida, sempre chegávamos antes, na frente, e tínhamos as melhores notas!

Já aí eu comecei a perceber a injustiça do sistema de avaliação, porque: nós éramos crianças diferentes; o ritmo de aprendizagem era diferente; a bagagem de cada criança era diferente; e, no entanto, na hora da avaliação, nós éramos colocados todos diante de uma mesma régua, de uma mesma prova, e aí o que valia era o desempenho em relação a essa prova. Evidentemente nós estávamos muito mais bem preparados e tínhamos notas melhores! E, aliás, isso formava uma espécie de nata com que muitas professoras queriam *trabalhar*. Naquela época havia, e como!, primeira série A, primeira série B, C, D etc. E, pelo menos na escola onde eu estudava, a primeira série A era a nata e havia professora que se especializava nos alunos de elite.

Entre todos os alunos da mesma série na escola, é evidente que existiam diferenças de rendimento muito grandes. Então, eu já percebia, na época, que havia problemas ali. Mas, claro, a gente percebia concretamente, fisicamente. Eu, privilegiado. Não só eu, mas outros colegas, alunos da mesma categoria social. Éramos privilegiados e não tínhamos por que reclamar. Mas a gente sentia essa diferença e sentia também o sofrimento dos outros alunos, que procuravam compensar isso na traquinagem, fora da escola, onde eles eram líderes de grupos, sabiam jogar melhor bolinha de gude, por exemplo, e nos batiam a todos! Sabiam bater uma caixa de engraxate, dar um brilho num sapato que eu invejava! Eu era incapaz de fazer brilhar, por exemplo, um sapato como o meu amigo Zezinho, um pretinho que foi meu amigo de infância e que me ensinou a jogar bolinha de gude. Ele era uma catástrofe na escola! Agora, saía da escola!...

Esse menino me ensinou como é que se fazia papagaio; com ele aprendi a selecionar bolinhas de gude na coleção que a gente fazia juntos: quem comprava as bolinhas era eu; ele jogava com os outros meninos, e o que ele ganhava era de jogo. Pois bem, ele sabia distinguir as bolinhas melhores, umas branquinhas, por exemplo. Esse menino tinha toda uma sabedoria de criança da época que era dada pela vida dele e que fazia com que ele ganhasse disparado. Organizava campeonatos de bolinha de gude, tinha técnicas absolutamente pessoais, originais, de ganhar jogo. Ensinava como dar uma cacetada com a própria bolinha; tinha a bolinha preferida etc. etc.

6. Nossa escola, pista de corrida

Paulo: Você vê como toda essa sabedoria — a partir da qual era possível desenvolver-se o aprofundamento, por exemplo, de conhecimentos de física, de matemática, de história, de geografia —, como toda essa sabedoria, que essa criançada popular tinha e continua tendo, estava absolutamente à margem das preocupações da escola e não valia coisa nenhuma para a avaliação da escola com relação à posição do educando nela.

Veja que, no fundo, isso indiscutivelmente é uma escola de classe dominante, que não tem nenhuma preocupação, nos seus critérios de avaliação, com a constituição de um saber do povo. Não importa, inclusive, que a professora tenha a melhor intenção popular com relação às massas populares. O que importa é que os critérios, os pressupostos em que essa escola estava e continua a estar montada são pressupostos que não têm nada que ver com a existência das massas populares, de que emergem essas crianças fantásticas!

Também: e um dos preconceitos dessa política que se veste de pedagogia é exatamente o de que o saber se dá e o conhecimento se dá na intimidade da escola exclusivamente: nada do que se dá lá fora tem significação cá para dentro.

Sérgio: No meu caso, por exemplo, eu era duplamente privilegiado como aluno. Primeiro, porque pertencia à chamada classe média baixa para ascendente. Digo "baixa", porque filho de professor primário, repito, nunca foi de classe média alta. Com o salário que o professor ganhava, e ganha, não pode ser. Tanto assim que hoje já não sou mais professor primário, como forma de emprego. A profissão continua; o emprego é que tive que mudar, porque o professor primário lamentavelmente não tem a retribuição a nível de salário, por exemplo, do trabalho que faz, numa área importantíssima da educação, que é a base ali.

Mas, continuando, eu era então privilegiado, de um lado, por pertencer a uma camada social relativamente privilegiada e, de outro, pessoalmente, porque era filho de professora primária. Eu tinha minha "professora particular" em casa, se fosse o caso.

Assim, é claro que, à partida, eu estava com tudo para ganhar nessa corrida! É que a nossa escola não deixou de ser nunca uma pista de corrida, onde alguns chegam na frente, outros atrás, e outros abandonam, porque não conseguem ir nessa corrida, nessa direção, vendo que a sua realidade fica toda fora, não? A evasão pode ser, em muitos casos, explicada por aí, já no primário.

Dessa época, portanto, me vem assim à memória essa escola pública onde havia (e pela avaliação a gente percebia) um resultado muito desigual. E isso, a meu ver, independia da competência das professoras. Tive professoras ótimas, e crianças mais pobres do que eu tinham as mesmas professoras. E eram professoras que se desdobravam, mulheres que assumiam o magistério como um sacerdócio! Pode ser que não fossem a maioria, mas as que conheci e por quem passei eram professoras muito dedicadas! Podiam talvez não ser superpreparadas em termos de formação pedagógica, no sentido mais científico ou mais técnico, quanto ao domínio de técnicas pedagógicas como a gente tem hoje, com toda uma instrumentação técnica. Elas talvez não tivessem isso, mas tinham, por exemplo, uma afetividade, um amor com as crianças que poderia até assegurar um bom resultado a essas crianças mais pobres. No entanto, todo esse amor não era suficiente.

PAULO: Porque havia as condições materiais das crianças outras, não? Aliás, outro dado que eu colocaria a ti, à base da tua experiência como aluno... porque depois a gente pode dar um salto para ver até que ponto, como professor também de uma escola isolada que foste...

SÉRGIO: Não foi propriamente isolada; foi uma escola pública primária da rede municipal de São Paulo.

PAULO: ...como isso se deu já no segundo momento da tua experiência existencial e profissional...

SÉRGIO: ...numa escola de periferia.

7. CONTRA OS MENINOS POPULARES

PAULO: Mas, antes de podermos dar esse salto, eu te sublinharia mais um aspecto nesse jogo injusto no processo da avaliação e no processo de aprovação e reprovação que a escola faz, da promoção, como chamam, de uma série para outra. É todo o problema da linguagem. Uma coisa é a língua portuguesa falada na tua casa e, portanto, o desenvolvimento de uma linguagem que tem suas sutilezas, que se constitui, não numa prisão do ponto de vista das regras gramaticais, sintáticas da língua portuguesa, mas que cresce, que se desenvolve, se amplia, com um tipo de vocabulário que corresponde à prática da tua classe social.

E a outra é a do menino e da menina que vêm da zona periférica da cidade, que vêm dos grupos sociais chamados de menos favorecidos. A tua linguagem, como linguagem que se desenvolve dentro de uma família com uma atividade intelectual ou intelectualizada, marcha no sentido de uma abstração constante, através da qual se pretende falar do concreto. Então se fala do concreto pela abstração dele e através dos conceitos. E o menino que vem da zona do mocambo, da favela, tem uma linguagem que cresce noutra direção. Esse menino tem uma linguagem concreta, como a sua vida é concreta. Ele aprende com seu pai, com sua mãe, com os vizinhos, com seus amigos de rua, a descrever o mundo, a descrever o real, a descrever a ausência das coisas, que é, afinal, falar do concreto. A sua linguagem é o concreto e tem mesmo uma concretude simbólica enorme.

Mas a escola usa, como critério de avaliação, o domínio da linguagem abstrata, e não o da linguagem concreta. Resultado: a vantagem tua e minha, e de nossos filhos, é indiscutível, na classificação ou na promoção de um ano para o outro.

No fundo, uma vez mais, esse elemento nos mostra a questão da classe social aí de novo, e a expressão dela na linguagem. Eu já nem diria que é preciso ser ignorante ou ter poucos conhecimentos, mas que é preciso ter muita má vontade para não entender um dado como esse! Os critérios de promoção são contra os meninos populares, em todos os aspectos em que tu os analises.

SÉRGIO: Você quer ver um exemplo típico disso? O hábito de leitura.

PAULO: Isso!

SÉRGIO: Eu devia ter uns nove, dez anos quando li toda a coleção do Monteiro Lobato. Eu tinha em casa *O tesouro da juventude, O mundo da criança*, que eram coleções...

PAULO: Eu me lembro, eu me lembro, minhas filhas tinham isso.

SÉRGIO: ...coleções que davam uma informação impressa muito grande às crianças que liam. Ora, por mais que a gente colocasse esses livros à disposição de crianças como o Zezinho, esse amigo meu que era filho de uma lavadeira, preto... lavadeira com uma penca de filhos e, ainda por cima, viúva... morava numa casa de madeira caindo aos pedaços. Esse menino não lia Monteiro Lobato, não leu. Quem leu Monteiro Lobato fui eu.

Por quê? Por que Monteiro Lobato tem uma carga de conteúdo que espanta as crianças dessa faixa? Não necessariamente. *O Sítio do Picapau Amarelo*, por exemplo, vive todo num ambiente criado com uma tal habilidade literária que nos parecia bastante concreto! Todas as reinações de Narizinho, Pedrinho, tia Nastácia... toda aquela gente lá fazia praticamente as mesmas coisas ligadas à natureza que qualquer menino de rua poderia fazer. Claro que de uma forma já filtrada: o Pedrinho e a Narizinho eram, por exemplo, de uma categoria social não propriamente pobre, não?

O fato é que, pelo que eu sei, os meninos mais pobres não liam Monteiro Lobato nem tinham hábito de leitura. Por quê? Porque as leituras que eram sugeridas, quer em casa, quer na escola, eram leituras típicas de um nível social. E isso contribuía para nos afastar cada vez mais, para nos dirigir cada vez mais, a nós, para uma ascensão escolar garantida, que depois se reverteria num encontro profissional facilitado, ou seja, possibilidade de ascensão social, bem-estar e vivência de determinados privilégios. Os outros iam-se perdendo pelo caminho, naquele problema crônico que a gente conhece: entre cem crianças brasileiras que entram no primário, seis chegam ao nível superior, não é?

PAULO: Claro!

SÉRGIO: Então, dá isso!

2

DA NOSSA ESCOLA PRIMÁRIA

1. "ORA, MAS EU ESTOU A PAR DA GUERRA DO VIETNÃ!"

PAULO: Acho que a gente devia trabalhar um pouco sobre o tema da escola, da educação que se dá nela, o que vai nos levar depois ao problema da formação do professor, que julgo também absolutamente importante.

Há algum tempo, tivemos oportunidade de falar um pouco sobre um dos problemas que considero graves, e que é exatamente o da linguagem — manipulada pela escola enquanto instituição social —, linguagem essa que nem sempre corresponde à dos meninos populares. Eu até diria que *quase sempre* não corresponde.

Mas acho que a gente poderia, também levantando um pouco a tua memória de fatos muito recentes na tua vida em função da tua idade... a gente poderia tocar em outros problemas. Por exemplo, o de como a escola não vem, de modo geral, incorporando avanços no campo da tecnologia. E, aí não importa a posição de classe do aluno; se se trata da escola de periferia ou da escola que atua com crianças de classe média, baixa ou da chamada superior. O objeto aqui é *a* escola.

Essa questão nos leva novamente também ao problema da formação do professor normalista. Acho que este é um outro aspecto que precisava ser observado. Imagino, e não sei se tu terás tido experiência pessoal disso, mas imagino os risos quase de pena de algumas crianças, em suas escolas primárias, diante da professora que pretende propor ou apresentar algo, no campo do conhecimento, que está, porém, de longe já incorporado à experiência pessoal do aluno, e que ele já superou através da própria televisão, não?

SÉRGIO: Sim.

PAULO: Nunca me esqueço, por exemplo, de um menino muito inteligente, amigo nosso no Chile, hoje professor de economia,[16] que um dia disse, quando eu visitava a sua família... disse, estranhando, que a professora estava pretendendo naquele dia levar uma galinha à escola, para mostrar às crianças que a galinha é bípede! E ele, rindo, me dizia: "Ora, mas eu estou a par da guerra do Vietnã!" Então, há assim uma defasagem enorme! Esse, portanto, é um outro aspecto que eu gostaria de colocar a ti também, para te provocar em relação à tua experiência, mais próxima disso em função da tua idade.

O outro problema que eu também te coloco é a questão de até que ponto a escola primária — mas não só ela; a média, a universitária também — vem insistindo, com seus rituais, com seus comportamentos, em estimular posições passivas nos educandos, através dos seus procedimentos autoritários. É o autoritarismo do discurso, por exemplo, e no discurso da professora e do professor. É o autoritarismo da transferência de um conhecimento parado, como se fosse um pacote que se estende à criança, em lugar de se convidar

---

[16] Trata-se de Rui Brito Álvares Affonso, professor de Economia na PUC (SP).

a criança a pensar e a aprender a aprender. Em lugar disso, o que se faz é docilizar a criança, para que ela receba o pacote do conhecimento transferido. E eu estou totalmente convencido de que isso é um ato político também, e tem uma repercussão política enorme.

2. Minha velha tese. E Anísio, num livro que tu não leste

PAULO: Eu hoje relia, de manhã, algo que escrevi em 1958... já faz tanto tempo!... e que nunca publiquei, e não está a não ser na minha tese mesmo. Minha velha tese, que defendi na então chamada Universidade do Recife.

SÉRGIO: Era uma tese de quê?

PAULO: Era uma tese de educação, "Educação e atualidade brasileira", com a qual me tornei livre-docente da universidade.

É um trecho em que, me reportando à escola, eu tentava verificar esse não-ter-nada-que-ver com o contexto em que ela se situa, essa distância do contexto em que a escola se acha, o que tem já muito de autoritário. Na medida em que a escola é quase como se fosse superposta ao mundo da criança, ela é uma instituição só por isso já autoritária. Ela se impõe de cima para baixo, despreocupada com o que ocorre naquele mundo.

E, nessa tese, eu dizia:

Somente uma escola centrada democraticamente no seu educando e na sua comunidade local, vivendo as suas circunstâncias, integrada com os seus problemas, levará os seus estudantes a uma nova postura diante dos problemas de seu contexto: a da intimidade com eles, a da pesquisa, em vez da mera, perigosa e enfadonha repetição de trechos e de afirmações desconectadas das suas condições mesmas de vida.

Eu criticava aqui, já em 1958, exatamente essa transferência de um saber inerte, em lugar de uma convocação ao estudante para, atuando, pensar e, atuando e pensando, conhecer, incorporar, criar, produzir o seu conhecimento.

E dizia mais: que essa escola teria, então, que criar uma nova posição do estudante: a posição da pesquisa, a da busca, a do trabalho, a da vitalidade, em vez daquela que insiste na transmissão do que Whitehead chama de "ideias inertes".

Escola que, plural nas suas atividades, criaria circunstâncias que provocassem novas disposições mentais nos seus alunos brasileiros, com que se ajustariam, em condições positivas, ao processo de crescente democratização que vivemos.

E é interessante também observar como se dá essa transferência do conhecimento, essa superposição da escola, em qualquer nível social em que ela se ache; essa superposição da escola à realidade contextual do educando, essa imobilidade que a escola propõe ao educando; e, veja bem, a imobilidade mental, mais do que a física; esse quase gosto por não falar, por não perguntar, por não inquirir; como se perguntar, se duvidar, se buscar fossem pecados capitais. E isso vem sendo criticado ao longo dos anos na história da educação brasileira! É bom observar como tudo isso é a expressão, uma vez mais, do autoritarismo brasileiro, como expressão deste é também o centralismo que a gente observa na política brasileira. Quer dizer: o centro sabe e fala, a periferia do país escuta e segue.

Eu faço também observação a isso nesse tal texto, citando um dos maiores educadores que este país já teve, Anísio Teixeira, e que foi um batalhador enorme contra uma série de coisas terríveis que a gente sempre teve e continua tendo na educação brasileira, lutando ao mesmo tempo por modificações que ainda estariam válidas hoje, propostas por ele. É exatamente a luta de Anísio contra o centralismo, diretamente ligado à compreensão desse autoritarismo e desse descaso, inclusive, que a escola tem pela problemática dos seus educandos.

Há um trecho em que eu digo:

Discutamos inicialmente a revisão de nosso agir educativo partindo de nossa escola primária. O seu grande óbice, talvez o maior mesmo, se encontra no centralismo asfixiante de nossa política administrativa, tão combatida pelo professor Anísio Teixeira. Centralismo que, segundo já acentuamos na introdução, e, sobretudo, no primeiro capítulo deste estudo, é uma das manifestações de nossa inexperiência democrática. Daí a sua preservação, em que pesem as críticas que lhe são feitas, em que pesem as sugestões no sentido de sua superação. "Tenhamos, pois", brada Anísio Teixeira, "o elementar bom senso de confiar no país e nos brasileiros, entregando-lhes a direção de seus negócios e, sobretudo, da sua mais cara instituição, a escola, cuja administração e cujo programa devem ser de responsabilidade local, assistida e aconselhada tecnicamente pelos quadros estaduais e federais".

Anísio diz isso num livro extraordinário que possivelmente tu não leste porque eras muito pequeno, *Educação não é privilégio*.

Este centralismo — digo eu agora —, que envolve todo o nosso agir educativo, é antes uma posição política. É uma atitude enraizada em nossas matrizes culturais. É a ele que se deve, em grande parte, a inorganicidade de nossa educação. E isto porque é no centro que se ditam as normas, distanciadas assim das realidades locais e regionais a que devem se aplicar. Daí a necessidade, enfatizada por Anísio, de uma reforma antes de tudo política, de que nascesse a organicidade de nossa educação. A escola, neste caso, passaria a ser uma instituição local, "feita e realizada sob medida para a cultura da região, diversificada assim nos seus meios e recursos, embora una nos objetivos e aspirações comuns".

O seu enraizamento nas condições locais e regionais, sem esquecer os seus aspectos nacionais, é que possibilitará o trabalho de identificar seu educando com o seu tempo e o seu espaço. E isto porque a sua programação será a sua própria vida comunitária local, tanto quanto possível trazida para dentro da escola, como pesquisada e conhecida fora dela.

(...)

Trabalho de identificação do educando com a sua contextura, feito em equipe e raramente a nível individual.

E eu hoje insistiria em que esse próprio conhecimento da vida da comunidade local, isso que se chama hoje de pesquisa do meio, deveria ser feito pelos educandos também, com a colaboração das suas professoras. Eu não vejo como não se possa ensinar matemática pesquisando o meio. Eu não vejo como não se possa ensinar biologia, ciências naturais, pesquisando o meio.

Para mim, Sérgio, e isso tudo num discurso um tanto prolongado, um dos objetivos fundamentais que a educação sistemática — a que se vive na escola — deveria se propor (mesmo que a gente não esteja aqui sonhando que a escola seja a alavanca da transformação social) seria exatamente o exercício dessa curiosidade de saber; seria essa coisa que Madalena Freire Weffort chama de "a paixão de conhecer o mundo"![17]

Eu já insistia nisso tão enfaticamente em 1958, e continuo insistindo porque nada mudou! É incrível: de 1958 para cá muitas águas rolaram neste país, contra a vontade popular, em favor do silêncio pesado sobre as massas populares...

Eu te coloco isso assim como desafio, a ti e a tua memória recente, dizendo, porém, uma coisa que a gente deve deixar muito claro, no ir e vir da nossa conversa para quem a leia depois: é que tu e eu não estamos aqui a negar *a* escola. Nós não somos metafísicos. Para nós, a escola não é, em si, boa nem má. Estamos encarando a escola como uma instituição histórico-social que, portanto, não é nem boa nem ruim nela mesma. Mas estamos fazendo a crítica da escola que está aí. Essa, sim; e talvez estejamos até fazendo uma crítica benévola, muito cortês, não?

Eu te chuto a palavra agora, para que tu fales um pouco sobre essas coisas de que eu falei há mais de vinte anos.

3. "O QUE É QUE UM PROFESSOR PRIMÁRIO PODE FAZER, NA SUA SALA DE AULA, ENQUANTO A MUDANÇA NÃO VEM?"

SÉRGIO: Um dos problemas que eu vejo assim, de imediato, é que a questão política está no centro do problema da escola.

---

[17] É esse o título de seu primeiro livro, São Paulo: Paz e Terra, 2007.

Ora, o acesso à escola — no Brasil e nos outros países em geral — é um direito de todo cidadão, o que faz da escola, pelo menos da primária, uma instituição pública. Pois bem: toda instituição pública, como parte do aparelho de Estado, é gerida por um governo instalado. É natural, portanto, que a escola responda aos objetivos, às intenções desse governo que está aí.

O problema é como, num país como o nosso, onde os anos vão passando rapidamente e os governos não mudam de orientação, como é que se pode esperar que a escola pública faça um trabalho diferente do que está fazendo, se é exatamente essa a intenção dos que governam? Que interesse haveria de mudar essa escola? E, por aí, o que é que um professor primário pode fazer, na sua sala de aula, enquanto a mudança não vem? Porque, se não muda a orientação governamental em relação aos grandes objetivos da educação, é evidente que a escola vai continuar naquela direção. Então, o problema é: enquanto a mudança não chega, o que é que faz o professor primário? Eu acho que aí é que está a dificuldade principal, do ponto de vista político, de todo sujeito que está numa sala de aula e que não tem também necessariamente uma consciência política muito aguda.

O professor primário nem sempre está colocado numa perspectiva que é a do educador que pensa os problemas da educação; ele é muito mais um operário do dia a dia da escola, em que os problemas de nota, de disciplina, de organização escolar, de planos de aula, é que vêm em primeiro plano.

Então, como é que um professor — que nem sempre tem um melhor preparo, em termos de concepção política da sua função — pode estar à altura do seu papel, num contexto onde o que se espera da escola é exatamente a "transmissão de conhecimentos" mais ou menos inertes, veiculados de forma disfarçada ou desbragadamente autoritária?

PAULO: Claro, mas tu colocas uma questão sobre a qual cedo ou tarde a gente teria de falar, e que é, por exemplo, o problema do uso dos espaços institucionais. Eu diria que os espaços são históricos e políticos, e que o uso deles também. Ou seja: há limites para o uso dos espaços, há limites que determinam o espaço.

Eu não sei, vou ver como eu me comporto diante da tua indagação, que não foi feita só a mim, mas a nós dois, não? Eu acho o seguinte: em primeiro lugar, que nós estamos vivendo bem ou mal uma abertura autoritariamente feita, bem à moda do Brasil e da sua tradição. O Brasil é uma sociedade gerada no autoritarismo, a gente sabe disso. Basta dar uma vista assim na história política e social deste país para se perceber como poreja o autoritarismo através dos tempos! Mas, bem ou mal, estamos vivendo um ano de eleições (1982). E já temos experiências, neste país, de municipalidades, por exemplo, que estão fazendo um tipo de trabalho de baixo para cima, em que a massa popular está tendo uma certa ingerência na organização das coisas públicas. Bem, de um lado, isso. Ora, partindo daí, tudo indica que, depois de novembro, vai haver uma série de municipalidades menores e maiores, uma série de estados também, com o governo na mão das oposições, o que não significa que o poder esteja simultaneamente na mão das oposições, mesmo enquanto governo de alguns estados. Grande parte do poder estará fora do governo, mas parte estará nesse governo, dialeticamente.

Então, de um lado, acredito que as oposições, nesse caso, se obrigariam a fazer uma política distinta da educação e da escola; se obrigariam a tentar novas experiências programáticas e metodológicas no campo da escola primária, por exemplo, que considero fundamental. Julgo o problema da escola primária de uma relevância extraordinária neste país, não apenas do ponto de vista da quantidade, mas da qualidade: as massas populares brasileiras devem ser estimuladas a continuar reivindicando a educação de seus filhos. Este, então, é um lado, o de os governos novos de oposição serem *novos* também, e não apenas governos, e caminharem numa direção distinta, proporem coisas novas.

4. ACLARAR A SUA OPÇÃO POLÍTICA

PAULO: O outro problema, Sérgio, está no que pode, então, um educador fazer numa situação como essa. Eu acho que, em muitos casos, ao educador inserido num mecanismo autoritário, e às vezes despreparado do ponto de vista político, cabe a ele, como a ela (em sendo educadora), percebendo que a sua tarefa é política, e não apenas técnica, aclarar a sua opção política e, aí, procurar ocupar o espaço mínimo de que dispõe dentro da própria instituição escolar e ver o mínimo que pode fazer no sentido de uma abertura democrática para os seus estudantes ou alunos com quem trabalha.

Para isso, então, acho que os organismos de classe deveriam ter um papel importantíssimo. Não sei se estou agora começando a sonhar, coisa que eu acho formidável, porque ai, inclusive, de quem não sonha! Os organismos de classe, as associações de classe deveriam lutar muito para levar um discurso diferente, eminentemente político, aos trabalhadores do ensino, sem deixar de apoiá-los em suas reivindicações de ordem salarial, que são absolutamente necessárias, porque é a partir daí que o sujeito, com a sua sobrevivência, pode pensar. Apoiar, portanto, as reivindicações salariais dos professores, mas tentar ultrapassar o nível dessa reivindicação e tentar, então, um trabalho eminentemente político para a recapacitação dos professores e o desvelamento do momento histórico em que os professores estão lutando, trabalhando, bem ou mal, a sua responsabilidade diante de uma geração inteira, com quem trabalham, e o seu poder, na medida em que se organizem. Ora, evidentemente que eu sei que isso, em primeiro lugar, não é fácil de fazer, exatamente porque isso implica lutar contra uma correnteza. Mas uma coisa também eu sei: é que isso faz parte do processo de transformação social de uma sociedade como a brasileira, processo eminentemente político.

Enfim, essa seria para mim uma das tarefas fundamentais duma organização da categoria de professores. A tendência mais fácil é ficar com a reivindicação salarial, mas acho que a gente deveria, pouco a pouco, ir inventando métodos de aproximação da categoria. Aliás, já está havendo coisas como esta: eu me lembro mesmo de que, no ano passado (1981), estive em um debate amplíssimo, convidado pela Associação de Professores de Minas Gerais. Foi publicado depois o debate todo, a palestra que eu fiz; divulgaram isso, inclusive, de maneira metodologicamente muito bem-feita. Quer dizer: está havendo muito bom trabalho já, eu acho, melhor do que antes, quando eu saí. Mas creio que tudo isso tem que se intensificar muito, no sentido de não se diminuir a importância dessa frente de luta, que é eminentemente democrática: a do exercício de uma democracia vivendo essa própria democracia, pela melhora das condições do ensino.

5. DE 35 PARA QUARENTA

SÉRGIO: Mas eu estou me lembrando aqui de que, no período Médici, eu era professor primário efetivo na rede municipal de São Paulo. Eu estava dando aulas para a primeira série primária, numa escola de periferia.

Tínhamos 35 alunos por classe. Eram várias, na escola, as classes de primeiro ano, cada uma com 35 crianças. Pegávamos essas crianças em estado bruto; elas não tinham prontidão nenhuma para a alfabetização; não tinham, por exemplo, a coordenação motora bem desenvolvida (as que tinham, tinham por acaso, porque não passaram por nenhum trabalho pré-escolar; havia crianças que pegavam no lápis como quem pega numa faca). Ora, nossa incumbência era dar, em um ano, toda a prontidão para essa criançada e entregá-la às professoras de segundo ano já com a alfabetização grandemente cumprida, principalmente no que dizia respeito ao domínio de leitura e escrita de palavras em frases, à base de sílabas simples. Além, é claro, de já se ter começado a escolarização dessas crianças dentro da matemática, das ciências naturais, dos chamados estudos sociais etc.

Num dos últimos anos em que eu era professor, veio a disposição do Departamento Municipal de Ensino de se aumentar o número de 35 para quarenta alunos. Ora, quem já passou pelo dia a dia numa sala de aula, com crianças, sabe o que é lidar com crianças da periferia, numa cidade como São Paulo, com recursos didáticos precários como os que nós tínhamos! E principalmente numa fase em que as crianças reagem muito individualmente, na alfabetização, e vão "pipocando" cada uma no seu ritmo, com dificuldades muito grandes. Tínhamos problemas sérios para pegar na mão de criança por criança, e a gente saía, carteira por carteira, auxiliando a criança a fazer exercícios de coordenação motora, a garantir que ela avançasse em termos de lateralidade, em termos de domínios mínimos de concepção temporal, espacial etc. Era um trabalho realmente difícil.

No entanto, as autoridades da Prefeitura queriam ampliar de 35 para quarenta o número de crianças. Nós achamos que era praticamente impossível aguentarmos um trabalho minimamente satisfatório com esse número de crianças, e começamos a reivindicar que, pelo menos, se mantivesse o número de 35.

A nossa ideia, aliás, era de entrar com um pedido de redução do número. Não só não quiseram reduzir, como queriam aumentar. Aí começamos um movimento dentro da escola. É claro que, nesses movimentos — não é novidade nenhuma —, não é a maioria que se põe à frente; são alguns; e, dentre esses, aqueles que têm facilidade maior de se exprimir e que têm uma coragem maior de afrontar a autoridade constituída é que acabam sendo os porta-vozes...

Fomos à luta. Eu participei ativamente disso, e tal. Resultado: nós ganhamos uma bela reprimenda, não conseguimos barrar o aumento do número de crianças, e as professoras nos anos seguintes passaram a contar com quarenta alunos em sala de aula.

É possível que a realidade hoje tenha mudado de tal forma que as reivindicações dos trabalhadores do ensino, professores e professoras, possam ser mais ouvidas. Mas, dependendo do contexto político — e estávamos num dos mais difíceis da nossa história —, toda a luta pessoal que a gente teve acabou praticamente em nada: ficamos sozinhos, desgastados, e com quarenta alunos em sala de aula.

Claro que os resultados estatísticos a Prefeitura também tinha: a grande evasão escolar ocorria principalmente depois da primeira série; nós estávamos com um nível de repetência na primeira série de mais de 50% de alunos. No entanto, eles diziam: "Não, nós temos que dar vagas a mais crianças; a população aumenta, e o número de escolas a serem construídas não dá vazão..." A gente sabe que as verbas destinadas à educação são muito escassas, e conseguidas com muita luta. Bem, a partir daí, havia que fazer das tripas coração para levar essas crianças ao final de um primeiro ano.

Enquanto isso, nós víamos que as escolas-piloto, situadas em bairros de classe média de São Paulo, funcionavam com um número bastante menor de alunos, aplicavam técnicas altamente sofisticadas de ensino, na linha de Piaget, na linha de Maria Montessori etc., com resultados muito bons. E eram essas as escolas que eram visitadas, por exemplo, pelas autoridades que vinham de fora. E era a partir dessas escolas que se avaliava, muitas vezes, o rendimento escolar da Prefeitura de São Paulo. Enquanto essas escolas-piloto funcionavam muito a contento, sobrecarregavam-se as escolas em que a gente atuava, na periferia.

Daí me vem uma pergunta que me ficou desde aquele tempo, e da qual até hoje não me afastei. É muito fácil você alfabetizar crianças, fazer uma boa educação primária, com recursos fartos, com todo acesso a metodologias, a tecnologias avançadas. É muito fácil "dar" Piaget e garantir o desenvolvimento de funções psiconeurológicas na criança, numa escola de classe média, numa escola experimental que tenha todos os recursos. Desafio mesmo é o que se tem numa sala de aula de periferia, de cidade do interior ou de escola isolada, quase sem recursos, só com pedrinhas, grãos de milho, de feijão, ou latinhas, tampinhas de garrafa, palitos de sorvete. Como é que o professor primário pode, aí, fazer um bom trabalho?

6. DO DIREITO DE AS MASSAS POPULARES DIZEREM "POR QUÊ?"

PAULO: É, eu acho que o problema não é tanto porque sejam pedrinhas e tampinhas de garrafa. Acho que isso poderia dar uma excelente educação, se a escola realmente fosse capaz, como espaço político-pedagógico, de aproveitar os recursos naturais, aqueles fragmentos de mundo com que as crianças brincam, por exemplo. Seria a partir exatamente da brincadeira delas com esses pedaços de coisas e com essas coisas que elas poderiam compreender a razão de ser das próprias coisas. O problema não estaria, então, tanto aí.

O problema está, na verdade, no descaso pela classe popular. É na falta de mínimas condições materiais: são as escolas caindo, são as escolas se destruindo... Eu tenho visto pela televisão os protestos de famílias, por exemplo, mais do que de professoras e diretoras, obviamente... O descaso é assim tremendo quanto às condições materiais da escola. Uma escola que não tem nada que ver com a tristeza, às vezes, da criança e, pelo contrário, aumenta até essa tristeza. As escolas abarrotadas de meninos, como tu acabaste de falar, com quarenta

PARTIR DA INFÂNCIA | 67

crianças de níveis distintos... aí é que está mais a questão. O despreparo da própria professora, a falta de apoio ao seu trabalho pedagógico, não? Estou falando em tese, é claro. Em lugar do apoio pedagógico, há muito mais fiscalização, para saber se a professora veio ou não veio, se está dentro da hora ou não está... Não há, por exemplo, a preocupação em reunir as professoras de uma mesma área, por exemplo, ou as que trabalham numa mesma série. Era possível que, considerando uma área em que houvesse dez, quinze escolas, isoladas ou não, a equipe de supervisão pudesse reunir as professoras que trabalham na primeira série de quinze em quinze dias ou de mês em mês, por exemplo.

Então se faria uma manhã de estudo, uma tarde de estudo, de avaliação da prática das professoras. As professoras se conheciam, em primeiro lugar, e se falavam entre elas a propósito de seus problemas naquela primeira série. "Quais são os problemas fundamentais que eu encontro com as crianças com quem eu trabalho? Encontro tais e tais obstáculos. Como é que eu venho respondendo a eles?" No debate com todos, muitos desses problemas passariam a ser realmente reconhecidos um pelo outro, e as soluções planejadas em comum, e a supervisão — aí sim — teria uma tarefa pedagógica, teórica. Em refletindo sobre a prática de todos, se faria a teoria dessa prática. O supervisor deveria passar o ano inteiro fazendo isso, e não anotando falta e presença de professor.

Os professores poderiam se reunir por disciplinas, por problemas gerais, e ao mesmo tempo tentar uma vinculação da escola não apenas com as famílias, mas com as instituições da área, discutindo a problemática político-pedagógica dessa área.

Evidentemente, um trabalho como esse estimula a criatividade, estimula a curiosidade e estimula, sobretudo, o direito de as massas populares dizerem "por quê?", perguntando, interrogando. O autoritarismo tem um medo horrível da pergunta "por quê?"

Não interessa generalizar uma coisa como essa, mas uma vez mais eu voltaria: isso poderia ser, em parte, tarefa de educadores que optam por um processo de transformação dessa sociedade brasileira. Segundo: seriam tarefas a serem cumpridas, a partir do ano que vem, pelos governos de oposição eleitos em municípios e estados e que comecem uma reformulação correta, corajosa, séria, de nossa escola primária.

Em primeiro lugar, acabar com essa discriminação das classes populares, das escolas populares, em face do supérfluo que a gente encontra nos bairros felizes, não? Esse treco tem que ver, realmente, com uma sociedade discriminadora.

Mas, insistindo naquilo que afirmei antes: para mim, tudo isso são aspectos de um processo de transformação. Eu não entendo a transformação social que prescinda de uma preocupação sobre esses problemas também. Esses problemas estão no bojo mesmo de um programa de educação. São problemas de cultura, são problemas de política. Não é por acaso que Gramsci se preocupou tanto com eles também. Esses problemas estão no corpo de um processo global de transformação social de qualquer sociedade.

São tarefas nossas, já que nós queremos tanto bem a isso que estamos fazendo, ou fizemos antes, ou pretendemos fazer depois, que é ter essa tarefa docente e discente simultaneamente.

3
PONTOS CARDEAIS

1. "ISSO ME DÁ PISTAS."

SÉRGIO: Que texto é esse?

PAULO: Isso é o seguinte: eu acho que seria interessante voltar, na altura desse diálogo nosso, a considerar alguns pontos, alguns aspectos da prática docente na escola primária, seja ela de periferia ou não, não importa.

SÉRGIO: Mas como é que você chegou a alinhavar esse texto aí?

PAULO: Pensando o diálogo anterior e refletindo sobre a própria prática dentro da escola. Eu já fiz referência, inclusive, no diálogo anterior, a um desses pontos a serem levados em conta com urgência pela escola, pela educadora na escola. É exatamente o seguinte:

> A importância fundamental do desenvolvimento da capacidade crítica dos educandos enquanto sujeitos de conhecimento, desafiados pelo objeto a ser desvelado, em vez da insistência da escola sobre a docilidade intelectual das crianças em face dos pacotes de conhecimento que são transmitidos a elas pelo educador.

Quer dizer, Sérgio, voltando um pouco sobre esse mesmo ponto — aprender da própria relação que se estabelece entre o sujeito que conhece e o objeto que se põe como desvelável.

A disciplina intelectual do educando, que é indispensável à sua formação científica, ganha sentido real quando se vai constituindo nesta relação curiosa entre ele, educando, como sujeito que conhece, e o objeto a ser conhecido.

Para mim, é aí exatamente, nessa relação de sujeito — usemos uma palavra meio cabotina — como sujeito *cognoscente* diante do objeto cognoscível, nessa relação de curiosidade, que se vai fazendo a disciplina intelectual real.

É preciso, porém, deixar claro também que esta busca, esta curiosidade permanente não deve ser estimulada apenas a nível individual, mas a nível de grupo. O que vale dizer: o convite à assunção da curiosidade na busca da leitura do real, do concreto, deve ser um convite não apenas ao menininho A, ao menininho B, mas ao grupo de estudantes, de crianças. E que, inclusive, aprendam também a crescer na curiosidade entre eles, e não apenas a desenvolver cada um a sua curiosidade. No fundo, o conhecimento é social também, e não só individual, apesar da dimensão individual que há nessa curiosidade.

Me parece que um tal apoio ao desenvolvimento da capacidade crítica do educando e à sua curiosidade implica, necessariamente, respeito e estímulo também à espontaneidade da criança.

Eu não sei se tu concordas comigo, dentro da própria prática tua, mas me parece que se a espontaneidade do educando é reprimida, a sua criatividade é sacrificada.

Sérgio: Sim. Aliás, isso me dá pistas para várias sensações que tive em sala de aula. Mas sobre isso a gente pode voltar a falar depois.

PAULO: Sobre a espontaneidade, por exemplo, a imaginação livre, estou convencido absolutamente...

Eu não posso ter a alegria, como tu tens aqui nesse livro dialógico, de dizer de quando em vez "como professor primário", "minha profissão", "minha prática de professor primário"; essa é, para mim, a maior lacuna que tenho como educador; é o maior vazio, como educador, que eu tenho, e é um vazio lamentavelmente — me parece hoje — impreenchível! Não tem mais como! Não que eu me ache tão velho, pelo contrário, até: quanto mais velhinho, mais talvez eu pudesse me ligar às crianças. Mas, não sei, para mim não dá mais. Eu não tenho a alegria que tu tens, nem falo com essa felicidade com que tu falas...

Mas estou convencido, na minha prática, de que a espontaneidade, a imaginação livre, a expressividade de si e do mundo na criança; a inventividade, a capacidade de recriar o já criado, para poder assim criar o ainda não criado, não podem, de um lado, ser negadas em nome da instalação de uma cega disciplina intelectual, nem, de outro, estar fora da própria constituição dessa disciplina, entendes, Sérgio?

Não é possível criar a disciplina intelectual castrando a imaginação, castrando a espontaneidade, castrando a expressividade da criança — de si mesma e do mundo que a cerca...

SÉRGIO: ...da mesma forma como não é possível estimular tudo isso...

PAULO: ...sem fazer a disciplina. Da mesma forma como não era possível prescindir da disciplina em nome do "venha o que vier, porque isso é que é a liberdade e a expressividade". Aí, para mim, seria a falsificação do imaginativo, ou da capacidade imaginativa; seria a destruição da própria criatividade, um "ir não saber para onde".

É urgente, por isso mesmo — me parece também —, que a escola ofereça situações concretas, ou se sirva das que já existem nela ou fora dela, para que as crianças, sem espontaneísmos, mas espontâneas, se exercitem na formação da sua disciplina intelectual.

Agora, o que me parece trágico, diante disso, é se tudo isso que a gente está discutindo aqui for verdadeiro — o que é terrível... e agora eu me lembro e volto à página 94 da minha velha tese, que já citei anteriormente, e em que eu dizia:

> Não será, porém, com essa escola de quatro e até três horas diárias, parada mais de três meses ao ano; com professores mal preparados, devido mesmo à deficiência das Escolas Normais; escola perdida, toda ela ou quase toda, no nervosismo imposto pelo cumprimento dos programas, feitos às vezes até revelando certa intimidade com problemas locais e regionais, mas cedo verbalizados, transformados assim em noções que se ditam e impõem ao educando; não será com essa escola que se integrará esse educando academizado com as realidades agora desgraçadamente nocionalizadas (e não nacionalizadas); escola que, diminuída no seu tempo, está intimamente ligada à falsa concepção que temos de sua instrumentalidade. Falsa concepção que Anísio Teixeira chama de concepção mágica ou mística da escola.

E digo mais:

> Não será ainda com essa escola, mal preparada materialmente, sem equipamentos, sem adequado material didático, sem

condições higiênicas, sem vitalidade, sem verba, que poderemos ajudar o educando a inserir-se no processo da nossa democratização e do nosso desenvolvimento.

Isso foi escrito em 1958! E parece que eu estava escrevendo hoje, não?

2. A NOSSA INEXPERIÊNCIA DEMOCRÁTICA E "A HORA DO BANHEIRO ÀS DEZ E MEIA"

SÉRGIO: Só um parêntesis, Paulo. Essa tese foi apresentada como tese de livre-docência?

PAULO: Como tese de defesa de uma cátedra, que virou livre-docência. Eu não ganhei o concurso, mas não perdi o concurso...

SÉRGIO: Era cadeira de quê?

PAULO: De História e Filosofia da Educação, na Universidade do Recife.

SÉRGIO: E você chegou a ser titular dessa cadeira durante muito tempo?

PAULO: Não, eu fui professor titular uns quatro anos antes; depois fiz o concurso, perdi a cátedra, não?, mas não fui reprovado no concurso...

SÉRGIO: Por que é que você perdeu?

PAULO: Perdi porque tirei 8,9, e a moça que concorreu comigo tirou 9,2. Então ela ficou com a cátedra, e eu fiquei com a vida. E foi daí que eu, então, me doutorei.

Mas eu digo mais ainda:

Não será com o descaso ainda ostensivo dos poderes públicos, sobretudo federais, quanto ao problema da escola primária brasileira, que faremos uma escola primária capaz

PARTIR DA INFÂNCIA | 75

de cumprir a sua tarefa de educação básica, fundamental ao povo brasileiro.

Nada, ou quase nada — que desenvolva no nosso estudante o gosto da pesquisa, da constatação, da revisão dos achados, que implicaria o desenvolvimento da consciência crítica — estamos fazendo em nossa escola. Pelo contrário, o seu comportamento perigosamente superposto à realidade ou a sua contextura tempo-espacial intensifica no nosso estudante a sua ingenuidade. A própria posição de nossa escola, acalentada ela mesma pela sonoridade da palavra fácil, pela memorização de trechos enormes, pela desvinculação da realidade, pela tendência a reduzir todos os meios de aprendizagem às formas meramente nocionais, já é uma posição caracteristicamente ingênua.

Cada vez mais nos convencemos, aliás, de se encontrarem na nossa inexperiência democrática as raízes desse nosso gosto da palavra oca, do verbo, da ênfase nos discursos, do torneio da frase. É que toda essa manifestação oratória, quase sempre também sem profundidade, revela antes de tudo uma atitude mental, revela uma certa ausência de permeabilidade, característica de uma consciência crítica. E é precisamente a criticidade a nota fundamental de uma mentalidade aberta e democrática.

Se você agora pudesse reagir a isso do ponto de vista metodológico, então era batata, porque aí tu te encaixavas no diálogo, e a coisa deixava de ser um discurso meu ou teu só.

SÉRGIO: De cara, me vêm à lembrança inúmeras situações de sala de aula, onde nós tínhamos quatro horas por dia para ficar com quarenta crianças dentro de uma sala. Durante três anos, por exemplo, fiquei com crianças de sete, oito anos. Um ano peguei também crianças de quarto ano primário, já com doze, treze, catorze anos, já "cavalões". Aliás, em escola de periferia, o aluno, quando chega ao quarto ano primário, já deve ter repetido uns três ou quatro anos; a obrigatoriedade da escolarização até catorze anos, muitas vezes, coincide com os alunos no quarto primário já com catorze anos, não é?

Lá nós tínhamos, por exemplo, um problema concreto, constante, de todo dia: como manter toda essa criançada sem que houvesse explosões em sala de aula, ou seja: sem que se depredassem carteiras, sem que rasgassem as coisas que por acaso estivessem nas paredes, sem que picassem os cadernos dos colegas, quebrassem os lápis, jogassem o apagador na lousa... enfim, sem que pintassem o diabo em sala de aula, de forma destrutiva? Então nós tínhamos, constantemente, problemas de disciplina.

A maneira como se procurava resolver esses problemas era com uma espécie de norma de funcionamento da "casa", onde se estabelece horário para tudo, regras para qualquer comportamento, desde hora do banheiro às 10h30, por exemplo, para a classe A; 10h35 para a classe B... E aí então levanta todo mundo, faz fila, vai ao banheiro às 10h30; e o coitado do aluno que tiver suas necessidades ou antes ou depois, que fique a ver navios, esperando o próximo intervalo, certo?

Havia, portanto, um manual — não escrito mas, em alguns casos, mesmo escrito — de funcionamento da escola e das classes. E todos os professores mais ou menos seguiam aquilo. É claro que isso variava em função do estilo: havia professor mais liberal, por exemplo, que admitia que os alunos saíssem de vez em quando da própria carteira; mas havia professores que não admitiam que o aluno se ausentasse do próprio local de estudo sem autorização. Para apontar lápis, tinha que levantar a mão; para pedir a borracha emprestada ao colega da segunda carteira à esquerda, na frente, tinha que pedir licença... Enfim, o problema da disciplina permeava minuto a minuto a escola, e resolvia-se assim.

Claro que, na realidade, nós tínhamos conflitos permanentes, que resultavam da tentativa de imposição de um modelo de normas, construído nem sempre de acordo com a realidade da escola e dos alunos, mas em função de determinados princípios ideológicos, de autoridade.

Tínhamos alunos rebeldes, irrequietos, que, por serem reprimidos na sua locomoção, por exemplo, faziam com que isso repercutisse na conservação do material didático, que tinha uma vida muito breve. As revistas que a gente tentava ter numa bibliotequinha da sala, havia sempre aluno que rasgava etc. Havia maneiras e maneiras que as crianças tinham de manifestar a sua rebeldia em função dessas normas, e que tornavam o relacionamento professor-aluno em sala de aula, por mais amistoso que fosse, cheio de pequenas tensões. Cheio, também, de rompantes "microautoritários" da parte do professor.

Às vezes a gente ouvia gritos de professores em sala de aula; alguns professores chegavam às vias de fato, e daí alunos que saíam com a orelha vermelha... Os mais arrojados acabavam "esquentando" a cabeça do aluno com régua... Depois que isso começou a ser denunciado, recorria-se a técnicas de "tortura" do aluno que não deixavam rastro. Por exemplo, puxar o cabelo da criança na raiz, debaixo da orelha: era uma coisa bastante dolorida e que não deixava rastros. Vi muitas vezes professores fazendo isso, não só dentro da sala de aula (onde era mais difícil de se ver), mas na fila. Nesta havia ainda toda aquela disputa de que "os meus alunos são mais ordeiros, mais disciplinados", enquanto "os alunos do professor X ou da professora Fulana são um bando de maloqueiros, que não param, não fazem alinhamento" etc.

No meio dessa roda-viva, eu tentei muitas vezes encontrar uma saída para problemas de disciplina que, por outro lado, não sufocasse a vontade que a criança tem de perguntar, a necessidade que a criança tem de se agitar...

3. "AQUILO ERA CRIANÇA ATÉ EM CIMA DAS CARTEIRAS!"

PAULO: Um parêntesis. Você descreveu essa postura autoritária de algumas professoras que enquadravam as crianças e consideravam *a priori* qualquer expressividade da criança, e possivelmente até sua fala — mais alta, menos alta —, como sintoma de indisciplina, de desordem... A tentativa de enquadramento da criança numa concepção de ordem que pertence ao professor — portanto, que é de fora para dentro — teria que necessariamente comprometer, cedo ou tarde, imediatamente ou depois, aquela outra disciplina a que me referi antes: a disciplina intelectual, a curiosidade no ato de conhecer. Porque a disciplina autoritária do comportamento vai afetar necessariamente a curiosidade no ato de conhecimento, não é?

SÉRGIO: Ela estiola esse outro tipo de disciplina, ela o sufoca. Porque aí não há tempo, inclusive, para que a criança desenvolva o sentido da disciplina. Paulo, eu lembro que meus piores momentos, meus momentos de angústia no magistério primário, não foram os da luta que a gente fazia lá na escola, por melhores condições, não! Nem foram os da luta pela sobrevivência, ganhando um salário muito baixo.

Os meus momentos mais difíceis duravam, muitas vezes, segundos, e eram vividos comigo às vezes voltado para a lousa — isso durava questão de cinco ou seis segundos — ouvindo coisas que me diziam "indisciplina", na classe, e a que eu dizia: "O que é que eu faço para reagir? Como é que eu reajo?", de modo a poder conciliar aquilo que eu tinha como concepção do que era disciplina e respeito à liberdade da criança em aprender com aquilo que se exigia de mim: uma postura autoritária, ainda que não na forma, no fundo.

Quantas vezes eu não vivi conflitos grandes, que duravam segundos, de como agir diante de uma criança que estava falando mais alto, ou que não parava quieta na carteira, ou que tinha acabado de rasgar uma página do livro da coleguinha ao lado, num rompante de agressividade, natural ou já provocada! Mas eu tenho a impressão de que estou me alongando demais.

PAULO: Não, eu acho que está ótimo isso, porque estou procurando entender assim vivencialmente esses momentos de angústia, e acho até que tu os colocaste muito bem, do ponto de vista existencial. No fundo, o teu sofrimento, que durava pouco — como tu disseste —, estava centrado no medo que tu tinhas, medo legítimo, de ser incoerente.

SÉRGIO: Sim, e eu sentia que estava num momento crítico, em que tinha como alternativa seguir ou não a minha intuição. Mas, para segui-la, eu precisava criar uma outra solução que substituísse aquela. Era impossível estar mais do que quinze segundos voltado para a lousa pensando em como agir. Era preciso agir naqueles segundos depois, porque senão a "bagunça" aumentava, não é?

Realmente esse "o que fazer?" que me vinha à cabeça nesses momentos é que acabou me levando, por exemplo, a tentar uma outra maneira de resolver problemas de disciplina. E, numa dessas ocasiões, estava com uma turminha de primeiro ano, pequenininhos, meninos e meninas de sete, oito anos, sentados, um atrás do outro, em cinco fileiras...

É claro que a "bagunça" não ocorria sempre; havia momentos bons, em que a criança estava motivada, interessada, em grupo, para cantar, ou fazer na lousa aqueles exercícios de grafismo tipo "sapinho que pula", ou "do palhacinho que faz um pê", através dos quais a gente pode saber se a criança já está preparada — mesmo não sabendo o que é o pê — a fazer o pulo do palhacinho com o desenho do pê etc. Às vezes, a gente conseguia meia hora de produção; mas criança também se cansa com facilidade e quer mudar. Então: o que fazer quando a "bagunça" se generaliza?

Paulo: Ou o que em regra se chama "bagunça"...

Sérgio: É aquele negócio: quatro ou cinco crianças falando, uma se levanta e vai apontar o lápis; a outra joga um bolinho de papel e, em vez de ir pôr no lixo, por exemplo, às vezes joga e acerta sem querer na cabeça do outro; o outro vira para trás e... Bom, imagine quarenta crianças em sala de aula, com as combinatórias todas em que isso pode acontecer. Tem o fundo da classe; às vezes, a gente está atendendo a uma criança que pediu para ajudá-la a apontar o lápis; ou está tentando pegar na mão de uma criança que está saindo da linha porque não percebeu ainda a linha ou não enxerga bem, e a gente ainda não detectou... Bom, no meio dessa confusão toda, o que fazer?

Um dia, a "bagunça" começou a se generalizar, e eu deixei, de propósito. Em poucos minutos, a classe estava em polvorosa: era uma barulheira que se ouvia até embaixo, na sala da direção. E aí a diretora subiu e bateu na porta. Eu não ouvi, ela entrou. Aquilo era criança até em cima das carteiras; e eu, de pé, olhando para ela, que tinha entrado, perguntei o que ela queria. Ela estava irritadíssima com a situação e com a minha "convivência", porque ela achou que aquela "bagunça" toda acontecia porque eu estava impotente diante da "bagunça". Ela não pôde admitir que eu estivesse observando até onde ia chegar — o que, aliás, é uma atitude com uma certa ousadia, muita gente pode até criticar um professor fazer isso, em aula. Bom, eu estava tentando uma solução e achei que essa talvez pudesse me dar alguma luz. A diretora, muito nervosa, me perguntou o que estava acontecendo; eu disse que não estava havendo nada de anormal; que, se ela tivesse alguma dúvida, nós conversaríamos depois, no intervalo. Ela saiu batendo o pé, eu fechei a porta, e a "bagunça" continuou.

Logo, logo, os pequenos, por exemplo, começaram a chorar. Começou a voar caderno para tudo quanto é canto! Havia criança que viu o próprio caderno, lápis ou estojo voando, e começou a reclamar. Em pouco tempo, já não era mais uma bagunça; era briga, realmente, entre aqueles que estavam se sentindo violados na sua liberdade e nas suas pequenas propriedades ou afazeres, e os outros. Instalou-se um desentendimento generalizado.

A uma certa altura, quando estavam realmente quase às vias de fato, eu então falei um pouco mais alto e disse que queria conversar com eles, para saber direito para onde a gente ia. Eles tinham sete, oito anos, e eu falei assim mesmo: "Nós vamos conversar agora! Porque alguns de vocês estão quebrando tudo. Outros estão brigando porque está tudo sendo quebrado. Vocês estão rasgando caderno. Estão jogando tudo no chão. Agora: isso vai ficar assim? Como é que vai ser, depois? O que está no chão vai ficar no chão? Quem tem lápis jogado, vai deixar? Vai continuar ou não? Vocês me dizem para ver o que é que eu vou fazer também. Eu estou esperando!"

Aí então as coisas começaram a se verbalizar: "Não, porque Fulano quebrou meu lápis!" "Não, porque Sicrano me fez tal coisa!" "Não, porque ele me chuta o tempo todo, e eu não consigo desenhar!" E eu: "Pois é, estão vendo? Vocês têm muita reclamação aí. Como é que é?"

E aí fomos conversando. E, claro, as crianças são muito lógicas, não? O indivíduo que tem o lápis quebrado está sabendo que depois ele vai querer desenhar... Por exemplo: o lápis vermelho dele foi quebrado, e ele gosta de pintar desenho tudo em vermelho. Aí vai reclamar com o outro colega: "Como é que vai ficar?" E eu: "Então, agora vamos ver, não é? E você, o que é que você acha? Você quebrou o lápis dele, e agora? Fica por isso mesmo?" Ao que o outro revida: "Ah, mas ele também roubou a minha borracha!" E então fomos para o acerto de conta de toda a criançada.

Para encurtar a conversa: discutindo, a gente realmente chegou à conclusão de que precisava arrumar um pouquinho a coisa, precisava respeitar... isso na linguagem deles, eles sentindo isso. Aí, eles começaram a pôr para fora também determinadas coisas, do jeito deles. Um dizia: "Ah!, mas eu gosto de pular, e tem dia que a gente fica escrevendo, só escreve, só escreve, e a gente nem sai da carteira!" E por aí começavam... Até que a gente conseguiu definir algumas normas, que eu chamaria normas de conduta, que eles viam como necessárias. Bom, a partir disso, cada

PARTIR DA INFÂNCIA | 83

um foi tentar levantar o que tinha derrubado, se queria levantar, ou o outro foi... enfim, fez-se trégua para que a vida recomeçasse.

Isso me levou a mudar algumas coisas. Por exemplo, a sentir um pouco melhor quando é que eles estavam cansados de uma determinada atividade. Às vezes, por exemplo, a gente punha lá no plano de aula: "Hoje, depois de quinze minutos, a gente vai cantar a musiquinha tal." Ora, há dias em que as crianças não querem cantar aquela determinada musiquinha. Uma delas diz: "Não, vamos cantar aquela outra, a da aranha!" Aí, se o professor se fia demais no plano de aula e insistentemente começa a entoar a música prevista nesse plano, o aluno que já está desmotivado começa a criar confusão, principalmente se for líder, se tiver amiguinhos que também estejam por aí, às vezes dispostos a "pegar o professor"... Sim, porque há uma luta de classe! A luta de classe se instala na própria classe, e o professor precisa estar preparado para enfrentar essa luta. Ele é um diferente. Não adianta querer partir para essa demagogia do "Ah!, eu sou mais um!". Eu sou mais um, nada! As crianças o veem como uma pessoa diferente, o adulto, e que muitas vezes está lá para impor, para ser chato, ou o que seja.

Na questão da disciplina, me veio claramente à ideia da necessidade de um preparo para que a gente, como professor, enfrente essa "luta de classe" dentro da própria sala de aula. Para se tentar uma harmonia. Porque, se ficar só na base da luta, realmente, ou a gente vai infernizar a vida deles — e isso vai nos desgastar emocionalmente o tempo todo, além de dificultar a aprendizagem —, ou então a gente vai recolher os resultados na própria aprendizagem, que é falha. Virá a ladainha de queixas: "Não aprendem;

não nos obedecem" no sentido da aprendizagem... Porque ninguém obedece a ninguém ao aprender, senão de acordo com determinadas condições que precisam existir. Ou vira uma bagunça mesmo.

E, depois, é a incompreensão que existe, e que muitas vezes a gente ouve dos professores em relação aos próprios alunos. Muitas vezes eles os culpam porque a coisa não dá certo: "Ah, eu tenho ali uma turma que não vai de jeito nenhum! São uns cabeçudos!" Muitas vezes o professor chega até a abandonar essa gente, que são os alunos-problema, e vai trabalhando com uma turminha, porque é com essa turminha que ele garante a própria "legitimação" profissional. Essa turminha, ele passa no final do ano. Sei lá! Ficou meio longo, não?

4. Viver intensamente o risco

Paulo: Não, Sérgio, eu acho essa experiência, que você relatou, de uma importância muito grande para uma compreensão da relação entre autoridade e liberdade, por exemplo. Liberdade do professor, liberdade do educando. Por outro lado, também, acho que a experiência contada tem muito que ver com pelo menos alguns dos aspectos a que eu antes fizera referência. O problema do espontaneísmo, da espontaneidade, da expressividade da criança...

Sérgio: Olha que eu estava só contando a experiência, e não alinhei...

Paulo: Claro. Mas o que eu queria era te fazer um lembrete, não para que tu respondas agora, mas para que, durante este papo, e em função de tua prática, talvez tu possas voltar a esse ponto marcante. Pelo menos eu acho que essa experiência que acabas de narrar foi um ponto fundamental na tua experiência com esse grupo de estudantes, de crianças.

SÉRGIO: Foi. Aliás, foi fundamental não só para esse grupo. Foi com esse, e foi para outros...

PAULO: ...a partir da experiência que tu ganhaste...

SÉRGIO: ...por transferência, não é? Um mínimo de transferência de aprendizagem. Digo "um mínimo" porque eu não vou — a cada grupo novo — fazer a mesma coisa.

PAULO: Agora, a pergunta que eu queria te fazer, não para ser respondida necessariamente agora — podes tocar nela mais adiante —, seria a seguinte: até que ponto tu observaste nas crianças (em ti, acabaste de dizer *sim* já) a aprendizagem dessa prática que elas tiveram, nesse momento fantástico em que tu tiveste a coragem de correr o risco? Sem isso não há educador. E é difícil encontrar uma profissão que não tenha risco, porque é a existência mesma que é arriscada. Mas o educador tem que viver intensamente o risco, constante. E tu viveste aquele risco...

SÉRGIO: ...inclusive sob pena de enlouquecer, hein! Vou lhe dizer uma coisa: quando se chegava ao final do ano... às vezes era já no final de um trimestre... havia professoras ali que estavam subindo pelas paredes, Paulo. Porque nada é mais enervante do que uma relação não encontrada, deslocada, entre professor e aluno nesse sentido! Olha, isso gerava uma tensão permanente nos espíritos sensíveis — mas é impossível deixar de ser sensível! —, conflitos diários, constantes, entre a autoridade e a vítima da autoridade!

O número de professoras — digo professoras por serem maioria — que chegavam, às vezes, às raias da histeria em sala de aula era enorme! Eu ouvia berros em sala de aula que estremeciam as crianças minhas. Dificilmente eu berrei em sala de aula. Confesso que também berrei, porque... Vou lhe contar um negócio: quarenta crianças na sala, depois de três horas e meia!... O período de 11h30 ao meio-dia era o período de santificação pedagógica!

PAULO: Sobretudo antes que a criança e o educador se experimentem na criação de sua disciplina. O que foi formidável aí nesse teu exemplo contado — e era a isso que eu queria voltar — foi a disciplina criando-se, e não recebendo-se; constituindo-se, e não sendo imposta, ditada de cima para baixo. Foi a disciplina partejando-se, e isso é difícil. Mas esse é que é o caminho: a disciplina não se impõe, se parteja. E se parteja na relação dialética, contraditória, entre autoridade e liberdade. O autoritarismo e a licenciosidade estão na ruptura dessa relação, não?

Mas a pergunta minha, para depois dizeres o que queiras, é o que tu observaste a partir desse momento fantástico, altamente pedagógico, em que a criançada daquele grupo foi aprendendo a disciplinar-se.

5. O caso do Sinvaldo e a cara da Raquel

SÉRGIO: Claro que as crianças reagem de uma forma muito variada, não é? A não ser quando a gente raciocina com uma visão estatística, é muito difícil globalizar as mudanças de comportamento num grupo de quarenta crianças, porque a maneira como elas percebem uma experiência como essa é bastante diferente; a rapidez com que elas mudam — quando mudam — de atitude, depois de uma experiência como essa, também muda muito de criança para criança.

A minha observação das mudanças nas crianças, portanto, tem que ser bastante ponderada, porque essas mudanças ocorreram em função de diferentes cabeças. Por exemplo, o Sinvaldo era um menino que vinha sempre muito sujo e que tinha alguns problemas de aprendizagem; era muito evasivo, passava minutos e minutos olhando pela janela... ele sofria de um outro problema de disciplina, que era o da desatenção profunda em relação ao que acontecia em sala de aula. Esse menino, por exemplo, começou a perceber já durante a experiência... É claro que meu olho não parava; eu estava todo o tempo observando, de uma forma inteiramente absorvente; não interferi em momento nenhum enquanto a coisa durou, a não ser quando ela chegou ao que eu entendi como ponto máximo. Aí fiz aquele apelo aos alunos todos, uma espécie de "volta à realidade", porque as crianças acabaram entrando num círculo de envolvimento e de uma certa histeria coletiva, após o que, se ninguém chama à realidade, se vai para consequências graves a nível de agressões físicas, ferimentos, depredação dos móveis etc. As crianças, quando se rebelam mesmo pra valer, têm um poder de destruição formidável, não é? Isso eu vira muitas vezes. No pátio, por exemplo, os machucados provocados por crianças eram frequentes. A criança não cai apenas por acidente; cai também porque é empurrada. A violência nas horas de recreio, na minha escola, era frequente: era criança com cabeça quebrada de vez em quando, olho arroxeado por um soco violento de criança maior, enfim...

Mas, voltando ao caso do Sinvaldo: durante a experiência, ele ficou praticamente estarrecido com aquilo. Pois bem: eu notei que, a partir dali, cada criança mudou, porque uma experiência como essa — que é vivida como situação-limite

— sempre provoca mudanças. Essas mudanças são, às vezes, facilmente observáveis; às vezes são mais homeopaticamente vividas e provocadoras de mudanças. Mas ocorrem. E esse menino começou a prestar um pouco mais de atenção aos colegas, a ele mesmo em sala de aula e ao professor.

Outras crianças começaram a mudar no sentido de reivindicar melhor os seus direitos. A criança, por exemplo, que era ordeira com os seus papéis, seus lápis, sua borracha; a que gostava de ter a sua borracha sempre limpa (e cada criança é uma criança diferente, não é?), essa criança passou a ter mais condições morais de exigir e a ter mais tranquilidade de que a borracha dela ia ser respeitada.

Mas aí também a gente tem que resolver o problema de quem não tinha borracha e saía pulando da última carteira, muitas vezes, para tomar a borracha do colega. Ora, se ele tem borracha, não vai procurar a borracha do colega. Bom, isso começa a mudar uma série de coisas. Cria até problemas de caixa escolar: e as crianças que não têm nada? E as crianças que não sabem conservar o caderno por mais tempo? Aqui já se vai para problemas mais complicados. Uma, por exemplo, vive com oito pessoas num cubículo só, onde a mesma mesa em que ela faz a lição de casa é a mesa em que o irmãozinho *dela está* comendo, perto do fogão em que a mãe está fritando coisas! Então é claro que o caderno dela vem engordurado! Tudo isso tem *relação*.

O lápis em toco, o "toquinho". Nem toda mãe tem condições, com três, quatro filhos na escola, de comprar lápis para todo mundo; criança morde lápis, destrói lápis, enfim…

Cada criança reage de uma forma diferente, mas o que pude perceber é que todas as crianças perceberam que aquela bagunça as irritava. Ninguém estava contente ali! Virou uma confusão mesmo, todo mundo brigava com todo mundo. E o pequenininho lá, que não brigava com ninguém, foi molestado também e começou a chorar. E corre para a gente, não é?, porque vai buscar, no mais forte, a proteção. Aí ficam os pequenininhos aterrorizados, apavorados!

Você pode imaginar, por exemplo, a cara de terror da Raquel, que era uma menininha pequenininha — parecia uma formiguinha —, que adorava cantar. Quando se falava em cantar, ela cantava com gosto, sem querer parar. Uma das musiquinhas de que ela gostava muito, por exemplo, era um exercício de coordenação motora que a gente fazia, com uma letra que dizia assim: "Chuva vai, chuva vem; chuvinha miúda não molha ninguém!" No "chuva vai, chuva vem", o braço se deslocava de um lado para o outro num grande gesto curvo e voltava ao seu ponto de origem. No caso da "chuvinha miúda não molha ninguém", era a mão inteira que se deslocava aos pulinhos, fazendo também curvas no ar até voltar ao seu ponto de origem. A Raquel adorava fazer isso! Pois bem: essa menina que era tão doce, tão meiga, tão frágil, numa situação como essa reagiu da forma a mais aterrorizada possível.

É claro que, com as crianças reagindo cada uma à sua maneira, todas diante de uma situação-limite — praticamente insustentável, por uma questão de evolução natural das relações sociais, esse grupo precisava encontrar um *modus vivendi* menos desgastante para todo mundo.

E aí o que me surpreendeu muito favoravelmente — e essa eu acho que é uma das mudanças mais significativas — é que a partir desse dia eu percebi que o nosso relacionamento se construía num nível afetivo muito mais profundo. Até parece que as crianças perceberam, de forma intuitiva, uma certa cumplicidade minha com elas ou delas comigo, uma certa camaradagem, um companheirismo, quanto mais não fosse para se buscar uma alternativa de não guerra em sala de aula, uma alternativa de paz, de um pouco mais de tranquilidade e de harmonia.

Tenho a impressão de que foi graças a uma aceitação afetiva, configurada a partir daí, que a classe passou a conviver em nova base e de uma forma muito mais produtiva. Não que os problemas tenham desaparecido como por encanto, não. De uma certa maneira, numa prática do dia a dia, onde nós estamos sendo constantemente bombardeados por atitudes autoritárias, em casa, na rua — e a criança o é, principalmente quando vive numa realidade que pela própria gravidade já a agride —, claro que nosso potencial autoritário é realimentado a cada dia também!

6. DO MUNDO PERDENDO-SE ALI À CAPACIDADE DE AMAR

PAULO: Claro! Há um aspecto aí, Sérgio, que me parece assim muito importante nesse relato que tu fizeste, sobretudo nessa explicação que estás dando agora. Está no fato de tu achares que houve uma mudança, depois desse acontecimento com a criançada, e de enfatizares a questão da afetividade entre ti e o grupo de crianças, e entre as crianças e ti.

A impressão que tenho, ao ouvir o teu relato e pensando sobre ele, é a de que, em certo momento da tua convivência com as crianças, mas sobretudo a partir daquele momento — dramático — da situação-limite, os alunos como que começam a descobrir em ti um dos deles, como se fosses também uma criança grande. Que dizer: a criançada sentiu a possibilidade de te querer bem. Não sei se estarei certo, mas me parece que o ponto central desse novo momento de entendimento entre ti e a classe tenha sido exatamente o de quando a diretora entrou na sala, não? Eu não estava lá *(ri)*, mas tenho a impressão de que, quando a diretora entrou na sala, o corpo dela foi o seu discurso já. Ela não precisava nem ter falado: o corpo dela, a cara dela, os gestos, possivelmente o olhar dela, o espanto dela, tudo era o seu discurso, e um discurso contra as crianças, não? Contra a situação inteira, que para ela deveria estar sendo uma situação de absoluto caos, de desordem absoluta. O mundo perdendo-se ali, ou o mundo perdido, já.

Você representava com as crianças, naquele momento, a negação da pedagogia. Ela deve ter feito esse discurso fisicamente, com uma ou outra palavra falada, não? E eu não tenho dúvida nenhuma de que a criançada leu esse discurso, no corpo dela, e entendeu isso. No momento em que recusas esse discurso da diretora e assumes, com a criançada, o fim da pedagogia *(ri)*, revelas — no meu entender — à criançada, não apenas que tu a amas, mas que também és, e porque amas, um educador. Pelo menos é assim que eu interpreto o teu relato, que acho de *uma importância* extraordinária.

SÉRGIO: É a partir daí que eu fui testemunha de inúmeros atos de respeito na aprendizagem, da parte das crianças. Por exemplo: havia crianças lá que escreviam espelhado. Criança que, ao ver alguma coisa para se copiar da lousa, um traço qualquer, um exercício gráfico — no passar para o papel —, passa no sentido oposto ao da diretividade ocidental, do que pede a nossa língua escrita (da esquerda para a direita), ou seja,. ela começa da direita para a esquerda. Pois bem: havia crianças que se dirigiam a mim, muitas vezes, pedindo ajuda, quando percebiam que o que estavam fazendo não era exatamente o que se pedia, porque elas gostavam de mim, me respeitavam. Eu sentia que, no fundo, elas já tinham aceitado o fato — ou, pelo menos, a confiança — de que eu sabia aquilo que eu estava fazendo, e que o caminho que eu estava indicando naquele sentido — dentro do exemplo — era um caminho que elas podiam seguir com confiança. Eu poderia até estar errado. Aí eu acho que essa dimensão afetiva traz para o professor uma responsabilidade a mais...

PAULO: Claro!

SÉRGIO: ...porque é muito mais fácil a gente seguir aqueles que a gente ama, que a gente respeita, não é? Quando as crianças não gostam de um professor, muitas vezes elas preferem ficar ali empedernidas no seu erro, continuando a fazer do seu jeito errado, às vezes mesmo sabendo que está errado, mas fazendo do seu jeito por birra, porque não gostam.

PAULO: É uma forma de negar o professor que não é capaz de se aproximar, de conviver...

SÉRGIO: É muitas vezes uma forma de autoafirmação da criança no erro, porque a figura do professor a oprime.

Sem dúvida, essa parte de relacionamento afetivo é muito discutível, muito problemática. Ela submete — da mesma forma que toda relação amorosa na vida submete — os indivíduos que a vivem a riscos muito grandes, não?

PAULO: Mas eu acho que não há nada sem riscos. Inclusive não há criação sem riscos. É claro: o problema da relação afetiva entre o educador ou a educadora e os educandos está exatamente em que não se faça a falsificação do afetivo. É não cair na chantagem sentimental. É não fazer a exploração do afetivo, mas viver afetivamente.

Acho que essa capacidade de compreender, entender e amar as crianças é absolutamente indispensável à prática pedagógica. É claro, não vamos cair na cavilação de dizer que basta querer bem à criança, não, porque há necessidade também da competência científica da parte do educador. Mas essa competência sozinha também não dá, não funciona; a competência científica tem que estar associada à capacidade de querer bem do educador.

4
ESSE AUTORITARISMO DO ATO DE PROGRAMAR

1. OS PACOTES E O "CONHECIMENTO" EMBRULHADO

SÉRGIO: Paulo, em nossa última conversa, você chegou a falar sobre "a importância fundamental" — e eu estou lendo agora — "do desenvolvimento da capacidade crítica dos educandos enquanto sujeitos de conhecimento, desafiados pelo objeto a ser desvelado", e ainda: até que ponto isso se indispõe contra a docilização das crianças, feita através de pacotes de conhecimento. Eu gostaria agora de levantar uma outra visão prática em sala de aula, a partir dessa questão dos "pacotes de conhecimento".

E a questão aí seria a de saber, afinal de contas, que tipo de autoritarismo está por trás dos chamados "pacotes", ou seja: por que é que eu tenho a necessidade de preparar, antes de chegar à situação de conhecimento, pacotes já onde os conteúdos estejam todos alinhavados, com os seus objetivos todos definidos, com os comportamentos esperados do aprendiz já todos diagnosticados? Por que uma determinada escola, uma determinada orientação tem a necessidade de proceder primeiro aos "pacotes de conhecimento" de que você fala?

Engraçado é que, no ensino regular, no primário, na verdade nós não tínhamos os pacotes de conhecimentos nessa acepção concreta e atualizada da palavra "pacote". Tínhamos uma maneira de embrulhar os conteúdos que, claro, começa desde o modelo curricular, passando pelos programas e chegando aos planos de aula, que todo professor tinha que executar.

Então, de uma certa maneira, o "conhecimento" vinha já todo embrulhado, e cabia a nós, como professores, desembrulhar aquele "conhecimento" em proporções homeopáticas e expô-las — trabalhá-las — junto com as classes. Ao final de um determinado período, devíamos já ter sido capazes de ter dosado bem as porções de "conhecimento" ou de "áreas de conhecimento" sobre as quais trabalhar, para continuarmos cumprindo o programa.

Eu me lembro da dificuldade que era manter o respeito, exigido pela instituição, à dosagem dessas "pílulas de conhecimento". Porque é claro que as crianças aprendem com velocidades diferentes. Aprendem com uma vivência diferente e com um encaminhamento muitas vezes diferente. Ora, em face das expectativas da instituição escolar — que ao final do ano já tinha que estar com todos aqueles itens do programa cumpridos, como condição *sine qua non* para aprovação da criança —, era muito difícil a gente tratar com crianças reais, que tinham problemas bastante específicos, e procurar encaixá-las — em termos de resultados de aprendizagem — naquele modelo previsto.

O que acontece é que a gente ficava numa espécie de beco sem saída, porque: ou se mexe na composição dos programas, ou se é forçosamente obrigado a selecionar, entre as crianças todas, aquelas que a partir de um determinado prazo foram capazes de ultrapassar aquelas barreiras. As outras que ficavam mais atrás — mesmo quando, relativamente ao ponto inicial, tinham envoluído mais que aquelas outras que evoluíram, do ponto de vista dos resultados, mais rapidamente — nós éramos obrigados a sacrificá-las.

Isso se concretizava perfeitamente nas avaliações que eram comuns. Havia uma avaliação periódica que era padrão para toda a rede da Prefeitura. Havia uma avaliação final, que também era padrão. E era essa a regra a partir da qual todas as crianças eram julgadas. Ora, por mais efetivo que tivesse sido o trabalho da gente pedagogicamente, numa outra direção que não fosse a querida pela instituição, as crianças iam acabar esbarrando naquela dificuldade final. E boa parte não conseguia ultrapassar.

Uma das contradições sérias que a gente vivia era esta: o que adianta tentar no dia a dia, em sala de aula, pôr em prática uma nova maneira de experimentar, de viver a relação professor-aluno-conhecimento, se as regras do jogo institucional até puniam as crianças que não se encaminhavam naquela direção?

Tudo isso, no fundo, em termos da minha experiência, serve talvez apenas para situar os limites do professor na sua sala de aula, na sua escola, numa realidade dada, num contexto histórico, social e político x, onde os marcos estão bastante bem definidos, pelo menos quando interessam. É claro que, depois, há reclamações, quando o próprio sistema se pergunta: mas por que tantos alunos reprovados? Aí se vai cobrar do professor! O professor se defende como pode, não?

Nesse sentido dos pacotes de conhecimento, mas não só dos pacotes, dos enquadramentos do conhecimento e da ação do professor em sala de aula — que é muito enquadrada pela supervisão, pelas normas de avaliação do sistema —, o espaço que o professor tem é bastante reduzido. Essa é uma dificuldade a mais que se acrescenta à tarefa do professor, não?

2. "Um dado dando-se, mas não um dado dado."

Paulo: Claro! Eu tenho a impressão, Sérgio, de que isso também que tu estás dizendo aí, como em outros aspectos, isso revela como a nossa escola — não importa o grau dela — ainda insiste em considerar: primeiro, a realidade como um dado aí; segundo, o programa como um dado aí.

Na verdade, nem a realidade é um dado aí, nem o programa pode ser um dado aí. Ambos — a realidade e o programa — são dando-se agora, e não dados aí.

Me parece que, nisso tudo sobre o que a gente está conversando, há uma visão muito estática do concreto, do real. E, para uma realidade que é um dado, há um programa que corresponde a esse dado e, portanto, é outro dado. Um dado que se superpõe a um outro dado! Mas, na verdade, a realidade, contraditória como é, dinâmica como é, processual como é, não pode ser um dado. É um dando-se. No máximo, a gente diria que ela é um dado dando-se, mas não um dado dado.

A programação também, o conteúdo programático, isso é outra coisa que precisa ser discutida, sabe? E ser combatida também. Essa concepção ingênua do programa e do ato de programar! No fundo, de novo se cai na pergunta fundamental, central, que tem uma resposta autoritária ou democrática. Por exemplo: quem programa? E quem programa para quê, para quem, com quem, contra quê, a favor de quê, a favor de quem?

Evidentemente que não tomar em consideração a realidade dando-se, do educando dando-se nela, é para mim uma coisa terrível, é unilateral, é autoritário de novo. E tenho também a impressão de que esse distanciamento, ou melhor, esse autoritarismo do ato de programar, essa não consideração da realidade dando-se do educando e em que o educando se dá também... esse autoritarismo se explicita, no nosso caso brasileiro, exatamente em algo sobre que falei antes, que é o centralismo, contra o que Anísio — como eu dizia antes — tanto lutou na educação brasileira. Tenho a impressão de que uma das coisas sobre que devemos insistir no Brasil é a descentralização da educação, que não pode ser dada sem a descentralização do político de modo geral; daí a insistência de Anísio na reforma política também... a descentralização da educação, para que as comunidades locais, municipais, ganhem maior poder de decisão sobre os conteúdos, sobre a formação de seu professor, de seus elementos docentes.

Eu não sei se tu concordarias com isso, mas eu acho que talvez uma descentralização começasse a possibilitar uma escola mais viva, mais dinâmica, centrada na sua comunidade, com a participação da sua comunidade.

SÉRGIO: Sim. Agora, Paulo, uma coisa que me intriga muito em relação a essa questão da postura autoritária, que é centralizadora, é o foco de origem desse autoritarismo. Quer dizer: por que o autoritário? De onde vem isso aí?

Não sei se foi com você que a gente teve a oportunidade de conversar sobre isso, não sei se foi você que falou ou se eu ouvi de alguém que não lembro mais, depois dessas andanças que a gente fez pelo mundo... Mas me lembro de uma discussão sobre o ódio inusitado que nossas classes dominantes revelam pelas classes dominadas, uma posição que raramente a gente encontra em outras histórias de povos. Eu não sei se foi...

PAULO: É, eu acho que nós tivemos uma conversa sobre isso, não sei se já em São Paulo, ou se um dia em Genebra ou talvez em Luanda. Realmente é algo que me deixa assustado: o autoritarismo neste país é um negócio extraordinário, não? Extraordinário!

Tenho impressão até de que, durante a nossa conversa que vai compondo esse provável livro, a gente possa voltar a tocar nisso.

5

DA DISCIPLINA, NUMA RELAÇÃO CURIOSA

1. ESSA PROCURA IMPACIENTEMENTE PACIENTE

SÉRGIO: Numa das últimas conversas, você levantou algumas ideias, e a gente já chegou a discutir sobre uma delas da última vez — a questão dos pacotes de conhecimento docilizando as crianças, dificultando o desenvolvimento da capacidade crítica dos educandos enquanto sujeitos de conhecimento.

Uma segunda ideia, que você apontou, era a da disciplina intelectual do educando, que ganha sentido real — e aí estou lendo — "quando se vai constituindo nesta relação curiosa entre ele, educando, como sujeito que conhece, e o objeto a ser conhecido".

Eu gostaria de voltar um pouco a essa ideia, já que estou um tanto quanto curioso para saber como é que você desenvolveria essa relação entre o educando — como sujeito que conhece — e o objeto a ser conhecido.

PAULO: É, vamos ver como é que eu redijo isso. Talvez eu até pudesse começar dizendo que esta afirmação é um dos pontos centrais da prática educativa de que tenho participado desde muito tempo, e da tentativa de teorizar essa prática.

SÉRGIO: Quando você diz que faz muito tempo, faz quanto? *(ri)*

Paulo: É que, no fundo, Sérgio, eu comecei a dar aula, a trabalhar como professor — tenho a impressão — quando eu tinha possivelmente dezoito ou dezenove anos, dois anos ou três depois que eu escrevia *rato* com dois erres ainda! *(ri)* Quer dizer: num pedaço da minha história... Mas, bem. Então faz muito tempo, não é?

Sérgio: Mas você chegou a escrever *rato* com dois erres? Ou isso é simbólico? *(ri)*

Paulo: Não, não! Realmente um dia eu escrevi uma cartinha para minha mãe; tinha quinze anos, dezesseis, se tanto. Estava no começo do ginásio ainda. E na resposta ela me dizia: "Meu filho, rato se escreve com um erre só!"

Sérgio: *(ri)* Falha de alfabetização, hein?

Paulo: Claro! Isso revelava inclusive a minha escolarização na escola primária, as dificuldades que eu tive para aprender etc. Mas bem: isso tem que ver com a própria compreensão que eu venho tendo da educação como um ato de conhecimento. E, para mim, qualquer que seja um dos dois momentos que você tome em consideração, momentos do que a gente poderia chamar de *ciclo do conhecimento*: o momento em que se produz o conhecimento inexistente, em que se cria o conhecimento que ainda não existe; e o momento em que se conhece o conhecimento que já existe. No fundo, esses são os dois momentos que constituem o ciclo do conhecimento. Em qualquer desses dois momentos, a curiosidade do sujeito que conhece — tanto do sujeito que conhece o conhecimento que já existe, e portanto que se engaja num processo de conhecimento do conhecimento que já existe, quanto do sujeito que se engaja num processo de criar o conhecimento que ainda não existe —, a curiosidade diante do objeto a ser desvelado, dizia eu há umas semanas, esse não estar conformado com o que se tem e com o que se sabe; esse sair de dentro da gente mesmo, essa procura impacientemente paciente, portanto metódica, bem-comportada, mas não acomodada; essa posição de quem vai realmente tirando o véu das coisas, é absolutamente indispensável ao sujeito que conhece e ao sujeito que quer conhecer, ou que conhece o que já se conhece e que quer criar o que ainda não se conhece.

Essa curiosidade é o oposto da posição dócil, pacientemente dócil, passiva, apassivada, de puro recipiente de um pacote que se transfere ao sujeito dócil. Daí a crítica que fiz, anos atrás, na *Pedagogia do oprimido*, ao que chamei de educação bancária... a crítica que fiz à posição do professor ou do educador como transferidor de conhecimento, que para mim é um absurdo. O conhecimento não se transfere; se sabe, se conhece, se cria, se recria, curiosamente, arriscadamente.

A nota da curiosidade está associada à nota do correr risco, à nota do risco, à aventura — aventura espiritual —, ao entregar-se a essa procura, que é o oposto da docilidade paciente do objeto em que se armazenam coisas.

Ora, era nesse sentido que eu dizia, então, que... vamos repetir inclusive a afirmação feita anteriormente, tanto quanto eu me lembre... que a disciplina intelectual — indispensável ao jovem estudante — se vai constituindo cada vez melhor na relação que o jovem, o aluno assume, enquanto sujeito que conhece, curiosamente, ou na relação curiosa que o educando estabelece com o objeto a ser conhecido. Quer dizer: quanto mais ele exercita essa relação curiosa de quem se arrisca para conhecer, desvelando o objeto do seu conhecimento, tanto mais ele tem condições de criar uma habituação intelectual, de criar caminhos de busca e de apreensão do objeto.

Veja: esse tipo de sujeito inteligente, crítico, humilde — porque isso exercita também a humildade; o ato de desvelar termina por criar uma humildade no sujeito que desvela, e não uma arrogância — é exatamente isso que se vai compondo, que vai se constituindo na prática do desvelamento do objeto, e não no discurso desse desvelamento que eu possa fazer ao educando, mas na prática que ele vai tendo que desvelar. O meu papel como educador não é o de discursar sobre o desvelamento, mas é o de aguçar a curiosidade, sem a qual o desvelamento não se dá. Para que o educando pratique o desvelamento do objeto, em lugar de ser o recipiente da minha transferência do objeto. Então o educando termina por descobrir, na constituição da sua disciplina intelectual, que, na medida em que ele apreende o objeto que ele está desvelando, ele *sabe* o objeto, ele *conhece* o objeto.

E aí ele memoriza. O que não é possível é memorizar antes de apreender, porque a memorização antes da apreensão do objeto é puramente a apreensão da descrição do objeto...

SÉRGIO: É a decoratória... *(ri)*

PAULO: É a decoratória. E essa decoratória não tem sentido, realmente. Do ponto de vista de uma teoria do conhecimento, isso não vale nada.

2. "RECEBENDO OS PACOTES COMO SE ENGORDA PERU."

SÉRGIO: Agora, Paulo, nesse circuito aí que você descreve — aliás com muita satisfação, o que mostra que você está jogando na sua própria casa *(ri)*, ou seja, você deve ter certamente refletido muito sobre isso, em termos de prática também —, um elemento começa a complicar as coisas. Dentro desse circuito de relação curiosa entre o sujeito que conhece e o objeto a ser desvelado, interpõe-se na nossa escola um outro sujeito que também diz que conhece *(ri)*, não é?, e que tem o papel de professor. E esse, porque conhece também, acha que tem o seu papel aí. Isso compõe um triângulo nessa relação, que muitas vezes é o grande complicador da escola.

Paulo: Exato. Eu achei ótimo que você tivesse colocado isso, porque, na verdade, essa discussãozinha, essa conversa que a gente está tendo, coloca também para mim a questão em torno do papel do educador, ou de um dos papéis do educador. E estou absolutamente convencido, Sérgio, de que o educador não tem que ter vergonha de ser educador. O que ele não pode, no meu entender, é pensar-se como o educador do educando apenas, exclusivo, entende? Ele tem que se compreender como um educador que, ao educar, se educa com aquele a quem educa.

Qual será, então, o papel dele enquanto sujeito que também conhece? Veja, é complexa a situação, porque, em última análise, fica assim: a situação educativa coloca para nós um sujeito que conhece, que é educador, ou educadora; um objeto de conhecimento, que é o conteúdo programático; e os educandos — que para muita gente são pacientes da ação educativa do sujeito educador.

Sérgio: Ou clientes, não? A chamada clientela... *(ri)*

Paulo: Para mim, não. Os educandos são também sujeitos que conhecem. A palavra é meio cabotina: são sujeitos *cognoscentes*, tanto quanto o sujeito cognoscente educador. E o objeto de conhecimento — aí, no caso, o programa de A, de B, de C disciplinas, e os itens desse programa — funciona, no meu entender, como o elemento mediador desses dois sujeitos.

Veja como é diferente a relação de um educador desse tipo que estamos defendendo aqui, e o outro tipo, que é autoritário, não? O educador autoritário, por exemplo, carrega consigo, no seu bolso, na sua valise, o objeto do conhecimento. Ele traz de sua biblioteca, de casa para a escola — não importa se primária, secundária ou universitária —, ele traz o objeto do conhecimento na mão dele ou na cabeça dele, na memória, umas vezes mecânica também. E, lá no dia, ele põe os educandos como pacientes recipientes (aliás, acho que é redundância, não?), como pacientes diante dele, e ele vai transferir, então, o conhecimento que ele trouxe.

SÉRGIO: Não, não sei até que ponto seria redundante, na medida em que a gente pode, inclusive, encarar o paciente como aquele que tem a paciência de funcionar como recipiente, não? *(ri)*

PAULO: Exato, mas não nesse sentido. *(ri)* E então ele vai despejando no educando — que não está curioso, ou cuja curiosidade está sendo embotada, e está sendo substituída por uma espécie assim de inquietação, para continuar recebendo os pacotes, como se engorda peru, por exemplo, para comer no Natal, não?

Essa é a posição do educador autoritário, que tem uma prática de conhecer — para mim — muito equivocada e para quem o conhecimento é algo *aí* também, é algo estático, parado, feito e realizado que ele transfere — o conhecimento existente, não? Sem provocar nenhuma inquietação, nenhuma curiosidade — digamos — por parte dos estudantes.

No nosso caso, a situação é diferente. A situação educativa, aí, implica a existência de sujeitos cognoscentes — o educador e o educando — e um objeto que, em lugar de, como no primeiro caso, estar na mão do educador, passa agora para o meio da sala e mediatiza os dois sujeitos que conhecem: o educador, de um lado, e o educando, do outro.

Isso exige — desse primeiro sujeito cognoscente que é o educador — virtudes que ele vai ter não que receber de graça, mas criar na prática, que é uma prática de relação com o educando. A virtude, por exemplo, da paciência impaciente. A virtude da humildade, não uma humildade piegas...

Sérgio: ...a falsa modéstia...

Paulo: ...a falsa modéstia, nada disso, entende?, mas a de quem sabe esperar e respeitar. Esperar que a curiosidade do outro tome sentido, se explicite; que a curiosidade do educando o leve a descobrir, e que a descoberta seja explicitada em gestos e palavras. E ele precisa ter a paciência impaciente de esperar o momento em que o educando faça isso.

Esse segundo sujeito, diferente do anterior, vive uma experiência que julgo de uma riqueza extraordinária, que é a seguinte: evidentemente, quando se trata de conhecer o conhecimento que já existe, o educador, o professor, tem uma prática já enorme. Ele tem a sua curiosidade já desenvolvida. Tem um certo — mais ou menos sistematizado — conhecimento em torno da disciplina que está ensinando. Então, quando ele se defronta com uma turma jovem, que está sendo apresentada àquele objeto pela primeira vez, o que é que vai ocorrer?

Em primeiro lugar, se diz às vezes que os jovens não podem estabelecer com o educador uma relação dialógica porque eles não sabem coisa nenhuma daquela matéria. O que é um absurdo! E então se diz: "Não, o papel deles não é o de dialogar coisa nenhuma com o professor! O professor é que sabe mesmo, e então ele é que tem que dizer." Para mim, isso é ideológico e explicita uma ideologia dominadora, autoritária de novo. A grande riqueza da experiência de um educador que se põe na postura que a gente está tentando descrever aqui está exatamente em que, no fundo, ele deve viver a relação entre a sua posição, curiosa também, mas de quem já percorreu uma certa caminhada em torno do objeto que ele está propondo agora a ser desvelado pelo educando... Ele deve viver a relação entre a sua posição de quem já sabe algo e a posição do educando procurando saber aquilo.

No fundo, o que vai ocorrer é o seguinte: é que ele re--faz a sua capacidade de conhecer no exercício curioso que os educandos começam a fazer para conhecer aquele objeto que ele já conhece. Talvez eu pudesse dizer, talvez até repetindo o que disse num livro anterior, não sei mais qual: no fundo, o educador refaz na cognoscibilidade, quer dizer, na capacidade de conhecer do educando, a sua capacidade de conhecer. Então, significa o seguinte: enquanto o educando está conhecendo, ele, o educador, está reconhecendo. E eu estou convencido, Sérgio, de que todo reconhecimento, ou quase todo, implica um conhecer de novo diferentemente. Há, portanto, uma possibilidade extraordinária de que o educador vá acrescentando facetas novas, que ele não tinha visto ainda, no ato de conhecer aquele objeto.

3. Alegria calejada? Batalhas diárias: "Acho que o caminho que proponho é bacana."

Sérgio: Sim, mas você tocou num ponto em que eu gostaria de dizer alguma coisa. Em geral, quando a gente está — como educador, como professor — diante de um objeto de conhecimento que supostamente já conhecemos, a nossa postura nos leva, muitas vezes, a nos diferenciar, em termos de atitude, daqueles que vão conhecer, porque é como se a gente já tivesse a experiência daquele objeto, e já não tivesse mais aquela alegria que a gente teve, por exemplo, ao descobrir um determinado objeto de conhecimento a primeira vez, não é? É como quando a criança descobre que o sol brilha, ou que a lua existe. É evidente que a lua já existia há muito tempo, mas a descoberta, feita pela criança, da lua, por exemplo, é uma descoberta que, para ela, tem um sentido inédito na sua história. Aí ela vive com uma alegria incrível as descobertas. E é essa alegria, inclusive, que de certa maneira reforça sua curiosidade de conhecer mais.

Ora, muitas vezes o professor já tem essa alegria calejada. Ele acha que, por ter contornado aquele objeto de conhecimento muitas vezes, ele já *tem* o conhecimento, já se apropriou do conhecimento. Isso o leva, inclusive, a uma postura de certa superioridade, como quem diz: "Bom, isso é novidade para eles. Eu já estou cansado de saber isso aí."

PAULO: Mas aí, Sérgio, tocaste num ponto agora quase como se estivesse me provocando *(ri)*, mais do que desafiando. Eu entendo o que tu estás dizendo, e é possível até que algum educador, ao nos ler amanhã — quando isso virar livro, ou se virar —, é possível até que algum educador diga: "Mas como o Paulo continua inveteradamente lírico e romântico!" *(ri)* E eu até diria que sou mesmo isso também, mas não só isso.

Tu sabes, Sérgio, que, para mim, o educador tem que travar uma série de batalhas diárias. Fundamentalmente, ele tem que jamais deixar que a sua alegria fique calejada.

Quer dizer: para mim, o educador não pode cansar de viver a alegria do educando. No momento em que ele sente que a capacidade de ficar alegre com a descoberta do educando — não importa qual o nível dele, em que grau trabalha —, no momento em que ele já não se alegra, não se arrepia diante de uma alegria, da alegria da descoberta, é que ele já está ameaçado de burocratizar a mente. E, se ele se burocratiza pelo hábito de fazer e diz "Bem, eu não tenho mais nada que ficar contente, porque isso eu já sabia", é que ele, burocratizando-se, perdeu a capacidade de espantar-se. E, se ele já não se espanta com a alegria do menino que descobre, pela primeira vez, algo que ele descobriu várias vezes, e redescobriu, então ele já não é educador.

E aí é que talvez algum leitor diga: "Puxa, como o Paulo continua lírico! Será possível que essa qualidade a gente possa manter?" Eu acho que a condição para se continuar educador é manter essa qualidade.

SÉRGIO: *(ri)* Agora, Paulo, veja bem: o problema desse calejamento não se dá apenas no nível das emoções, das alegrias, não é? É muito comum que os professores já rodados, depois de anos de experiência, desenvolvam também um certo calejamento no nível de métodos. Que eles acabem achando que os alunos passam e eles ficam, e que, na realidade, eles — como professores — têm um método que é melhor para se chegar àquela descoberta, àquele conhecimento. E que, então, ele já pode se colocar — depois de dez, quinze, vinte anos de sala de aula —, diante dos alunos, como aquele que conhece tão bem o conhecimento, e tão bem os caminhos que levam a esse conhecimento, que os alunos não precisam ser chamados a discutir sobre os caminhos.

Aí, a meu ver, o problema se complica, porque não é tanto apenas em nível das emoções, mas também em nível da apropriação metodológica.

PAULO: Com relação a isso, eu acho, Sérgio, que o educador corre um risco muito grande de fazer-se um pouco autoritário, no momento em que ele tome como já não passível de uma pergunta o seu caminhar. Quer dizer: a discussão do próprio método de conhecer tem que ver — do ponto de vista do educando experimentando-se nele — com a constituição crítica daquela disciplina intelectual indispensável a quem estuda.

Não sei se estou sendo claro, mas o que quero dizer é o seguinte: não cabe a mim como educador dizer aos estudantes: "Tomem como ponto inatacável, como ponto fora de qualquer dúvida, que o caminho que eu proponho é excelente." Mas o que eu tenho que dizer é o seguinte: "Acho que o caminho que proponho é bacana, é ótimo, eu acho. Esse caminho tem uma história, e eu posso contá-la a vocês." É no contar essa própria história que dúvidas, inquietações, curiosidades do educando — que começa a se experimentar com aquele caminho que eu proponho agora — vão sendo postas. E não seria tempo perdido o tempo levado na discussão da própria proposta metodológica, que é absolutamente fundamental. Porque, no momento mesmo em que o método é apreendido e possuído pelo educador, no fundo, ao tomar conta do método, ele domestica o educando através do método.

Quer dizer: numa perspectiva libertadora, os educandos precisam estar absolutamente convencidos de que, em primeiro lugar, enquanto corpos conscientes, nós somos já método.[18]

---

[18] A esse propósito, ver Álvaro Vieira Pinto, *Ciência e existência*. Rio de Janeiro: Paz e Terra, 1969.

6
CONTRA O MEDO

1. O MEDO DE APRENDER. "O QUE É QUE VOCÊ ACHA DISSO?"

SÉRGIO: Paulo, no outro dia, a gente conversou sobre a questão dos professores que, ao longo de alguns anos, acabam tendo uma certa firmeza na metodologia, no como fazer, no que fazer em sala de aula. Eu dizia que esses professores, por terem essa experiência já adquirida, assumem uma postura, diante da classe, que muitas vezes intimida, na medida em que já são diretivos desde o primeiro dia de aula. As atividades já estão programadas. E, ainda que as atividades não estejam, os núcleos de atividades já o estão.

É possível que o professor não programe, no primeiro dia de aula, que ele vá começar por uma musiquinha, depois passe por uma "hora de falar", ou "hora das novidades", por exemplo; mas ele já tem esses núcleos mais ou menos programados, concebidos pela experiência. Então, quanto mais habilmente ele passa a articular esses núcleos de atividades que ele programa, menos brechas — me parece — a criança tem para poder se exprimir, ser espontânea, contar o que ela sente, ou gesticular como tiver vontade, em relação a um determinado objeto que vai ser conhecido, não é?

O que isso me diz é que, mesmo quando a gente não percebe na prática, a nossa experiência — que nos leva, muitas vezes, a recorrer a fórmulas que no passado deram certo — funciona como um inibidor.

Eu me lembro de que, quando era aluno, ficava maravilhado diante de minha professora primária e da maneira como eu ia aprendendo coisas através daquilo que ela sugeria. Eu tive professoras diferentes, claro. Uma professora não acompanhava — nem acompanha, na maioria dos casos — o aluno desde que ele entra para a escola até o final do primário. Essa professora é a professora de um ano, e, no ano seguinte, eu, por exemplo, tinha outra. Tive várias, e me lembro que, dependendo da professora, a gente podia falar, se soltar mais. A professora de um ano era mais boazinha. E havia professoras mais enérgicas, mais duras.

Inclusive isso, de uma certa maneira, fazia até com que nos sentíssemos "em casa", quando, por exemplo, tínhamos diante de nós uma professora durona, que, no fundo, era o que era nossa mãe, ou nosso pai, em matéria de rigor, de rigidez.

Eu, particularmente, não cheguei a ser achatado por essa intimidação, nem desenvolvi um medo de dizer o que estava sentindo ou a maneira como eu estava vendo aquilo que estava conhecendo. Mas, em muitos casos, a gente percebe nos alunos depois, já maiores, que — quando são convidados a participar, a atuar; quando algum professor cria condições em sala de aula para que participem ativamente — eles já foram de tal forma massacrados em termos de espontaneidade, de impulso para a ação de aprender, que praticamente começam a engatinhar na frente da gente.

Isso a gente vê, muitas vezes, até na universidade...

PAULO: Isso!

SÉRGIO: ...onde aquilo que a gente acha que seria muito fácil — criar situações de uma ação conjunta, de grupo

— às vezes é dificultado porque as pessoas não aprenderam a aprender. Mas por quê? Porque não tiveram a oportunidade de desenvolver isso. A meu ver, portanto, a questão aí é a do medo que foi criado. O medo de aprender. O que é que você acha disso?

2. Uma espiral do medo e um círculo vicioso

Paulo: Olha, eu acho que essas reflexões que fizeste agora têm em si mesmas uma série de pontos muito ricos a explorar, em função da nossa prática educativa, ou tendo em vista essa prática.

Eu chamaria a atenção, por exemplo, para alguns desses aspectos — que podem submeter-se ricamente a uma análise, a uma reflexão — contidos não na tua pergunta, mas na tua afirmação, que conclui por uma pergunta. Como o problema, por exemplo, de até onde a experiência do educador, que se prolonga numa educação que vem sendo preponderantemente autoritária, ou totalmente autoritária; até que ponto, acumulando-se, essa experiência do educador não termina por se constituir num elemento inibidor da experiência espontânea, ou da espontaneidade do educando. Essa é uma colocação que está posta na tua reflexão, ao lado, necessariamente, de certos outros conceitos que precisariam ser discutidos entre nós aqui, como, por exemplo, o da diretividade, o da espontaneidade ou do espontaneísmo, e o do medo, com que terminas.

Começando até pelo medo: a impressão que eu tenho, Sérgio, é de que existe mesmo isso, esse medo de perguntar, esse medo de arriscar-se, esse medo de aventurar-se espiritualmente, sem o que não é possível criar. Mas esse medo — não sei se concordas comigo — não é apenas do educando, é também do educador, inclusive do educador autoritário. Para mim, quanto mais autoritário é o educador, mais medo tem de arriscar-se. No fundo, o medo de perguntar, o medo de conhecer, o medo de desvelar está ao lado do medo do risco. É o medo da liberdade, também, na medida mesma em que a liberdade implica risco, em que a liberdade demanda conhecimento, em que a liberdade exige aventura. É o medo de assumir a responsabilidade. Ora, é impossível conhecer sem assumir a responsabilidade de conhecer, não?

A postura autoritária do educador expressa, nele ou nela, o medo de arriscar-se, porque, no fundo, a posição autoritária, que silencia o educando, defende o educador de perguntas e de inquietações que poderiam ameaçar a segurança científica, com aspas, do educador. Então, quanto mais medo da sua própria insegurança, quanto menos assume a sua própria insegurança, quanto menos coragem ou valentia de ser humilde para assumir a insegurança, tanto mais inseguro fica.

SÉRGIO: É uma espiral do medo.

PAULO: Uma espiral do medo. E, por isso, tanto mais termina silenciando o jovem. Então, por outro lado, o educando termina também com medo de perguntar, na medida em que teme também assumir a responsabilidade da própria pergunta. De um lado, ele teme o ridículo de fazer uma má pergunta, por exemplo — e o ridículo pode ser dos próprios companheiros, dos próprios colegas, que têm o mesmo medo que ele tem, e que, possivelmente até, usariam o momento de riso, da chacota, da brincadeira, com o colega que fez uma possível pergunta boba, ingênua... os companheiros usariam o momento do ridículo como um escape de si mesmos. Quer dizer: é como se a pressão autoritária deste tipo de educação levasse esse grupo de estudantes — zombando da pergunta boba do seu colega — a ter, nessa zombaria, um momento de repouso, um momento de distensão da tensão, da pressão da autoridade.

Então, o medo de arriscar-se diante dos companheiros, e o medo também de uma possível resposta irônica do professor ou da professora, o medo de ser desrespeitado, com o peso da sabedoria do educador, termina por aumentar o silêncio. E aí se estabelece um ciclo vicioso que, no fundo, é o círculo vicioso do silêncio, em que a única voz autorizada a falar em tom assertivo é a voz do educador. E a voz do educando cada vez menos soa, na classe.

3. "Você já teve medo?" Ou: a coragem de perguntar

Sérgio: Você, por acaso, como aluno ou como professor, já teve medo?

Paulo: Ah, sim, claro! Eu acho que medo é um sinal de estar vivo, em primeiro lugar. Tem medo quem está vivo, não? *(ri)* E eu me lembro, no meu tempo de aluno de ginásio... acontece que já faz muito tempo, isso... no tempo em que eu estudava no ginásio ainda, eu tinha também o medo — em certo sentido um pouco esse medo que acabo de descrever — de perguntar mal, por exemplo, o medo de fazer uma pergunta imprecisa.

E, veja bem: não tanto porque eu tivesse na época também professores que fossem todos eles fortemente autoritários. Até que não, eu não tenho recordação disso. Havia um ou dois mais duros, mais rígidos. Mas o meu medo possivelmente tinha outras razões: é que havia uma diferença de idade entre mim e a média dos meus companheiros, pelo fato de eu ter começado naquela época o chamado curso ginasial — que hoje é o primeiro grau, não é?

Sérgio: É. O segundo nível do primeiro grau.[19]

Paulo: Exato. Eu entrei no segundo nível do primeiro grau hoje, ou no curso de ginásio daquela época, com bem mais idade do que a média dos colegas meus, da minha geração, do curso.

Sérgio: Mas você parou de estudar?

Paulo: "Parei" é uma maneira de dizer. Eu tive um curso — o chamado primário da época — que se prolongou demasiadamente. Pelo menos até o fim do primário e o começo da admissão ao ginásio, houve um tempo prolongado, que correspondia exatamente à crise nossa, às dificuldades econômicas da família. Eu já devo ter feito referência a isso, não?

E isso me fez entrar no ginásio mais para dezesseis do que para quinze anos, quando meus colegas deviam ter entre onze e doze na época. Eram meninos, de um modo geral, bem-alimentados, bem-vestidos — meninos e meninas —, com boa experiência intelectual em casa; e eu compridão, altão, de calças curtas, e correndo já o risco do ridículo do tamanho das calças, por exemplo. *(ri)* As calças eram menores do que o comprimento das pernas. Uma espécie assim de sensação de ser um adolescente feio, anguloso pela magrém.

Me lembro assim, de tão longe, de momentos um pouco dramáticos em que, em certo sentido, quase que eu rejeitava o meu próprio corpo, a minha própria forma, porque eu a achava demasiado angulosa e feia. E isso poderia ter descambado, inclusive, para uma série de consequências graves, numa etapa difícil da adolescência, e eu ter me arrombado com uma baita crise aí, que finalmente não deu. Mas fui capaz de dar a volta sobre isso.

Mas isso tudo me levava a não fazer perguntas. Então, timidamente, eu me aproximava de alguns professores, com

---

[19] Atualmente, ensino fundamental e, depois, ensino médio. (N.E.)

quem eu estabelecia uma melhor relação, e aí a eles diretamente eu fazia perguntas. Ou os visitava, às vezes.

SÉRGIO: Aprendizagem clandestina? *(ri)*

PAULO: É. Agora, como professor, não tenho tido tanto medo propriamente, desde que comecei. Eu assumi muito, como professor, a coragem — que até me parece muito fácil de ser possuída por nós — de dizer simplesmente ao estudante que eu não sabia responder à pergunta feita, por exemplo.

E isso eu digo tanto hoje — numa idade assim já tão avançada, sem o medo de que o jovem pense que eu sou um profundo incompetente — como eu dizia quando tinha vinte anos. Isso me ensinou muito, essa coragem de ser humilde diante da busca, diante do conhecimento.

Mas, refletindo em torno dessas coisas que tu colocaste, acho que uma das tarefas nossas enquanto educadores — obviamente numa posição que eu chamaria aqui de democrática, aberta, crítica — seria exatamente, de um lado, a de compreender certos medos dos educandos e, de outro, não incentivar os medos, mas, em certo sentido, ajudar o educando a assumir, pouco a pouco, quando ele não tenha já a coragem de perguntar, a coragem de criticar, a coragem de indagar. Acho isso absolutamente fundamental.

4. UMA DIRETIVIDADE QUE SE LIMITA. E UM NÃO AO "DEIXA--COMO-ESTÁ-PARA-VER-COMO-FICA"

PAULO: Mas há algo ainda na tua reflexão. Por exemplo, esse aspecto da experiência constante do educador virando um elemento de inibição do educando. Acho que isso tem que ser muito pensado pelo educador que tem a opção real por uma forma educativa na linha da democracia, na linha da participação do estudante. É exatamente não permitir que a sua experiência o burocratize. Em lugar de que a sua experiência paralise a sua abertura — porque a põe estática — ou reduza a sua prática a uma repetição burocratizada; que ele, pelo contrário, tenha na sua experiência toda a razão de ser da mudança da sua própria forma de ser quase diária. Que, afinal de contas, use a experiência anterior, a experiência de ontem, como possibilidade de ter uma melhor experiência amanhã. E não como um fator paralisador da sua própria riqueza, da riqueza do seu próprio comportamento em face dos educandos, e, pior ainda, como elemento que iniba os educandos.

Por outro lado, isso tem que ver com algo de que tu falaste aí, que era a diretividade, por exemplo. Eu te confesso, Sérgio: acho que não há uma não diretividade, entendes? A educação, qualquer que seja ela — a educação autoritária como a educação democrática — ambas implicam uma certa diretividade. Para mim, o problema que se coloca é que uma educação democrática tem uma diretividade que se limita. A diretividade do educador numa postura democrática é limitada pela capacidade criadora do educando. Quer dizer: no momento em que a diretividade do educador interfere na capacidade criadora, formuladora, indagadora do educando, então a diretividade mínima necessária se converte em manipulação. E aí, então, a diretividade que vira manipulação constitui *exatamente o caráter fundamental* da educação *autoritária*.

Agora, o que não é possível é uma educação não diretiva, no meu entender.

SÉRGIO: Sim. Quando falei em diretividade, estava com a seguinte imagem na cabeça: a do professor que programa de tal maneira, que prevê de tal maneira o acontecimento do ensino e da aprendizagem, que todas as partes do seu programa já estão ensaiadas, articuladas e coerentes; inclusive os momentos de manifestação dos alunos, que já estão enquadrados ali. Há um momento em que os alunos vão falar, há um momento em que o professor vai falar, há um momento em que vai acontecer tal coisa. Assim, quando me refiro à diretividade, é muito mais dentro dessa imagem concreta, da pré-visão do futuro, e que em seguida vai se configurar na aplicação rígida da pré-visão.

PAULO: Aí tu cais exatamente na programação autoritária. A programação autoritária é exatamente aquela em que quem programa é o sujeito da programação, e o sujeito da programação é o educador, e não os educandos também. Portanto, numa programação autoritária como essa, da vida diária de uma classe, os educandos não são, de maneira nenhuma, consultados em torno da sua prática. E o que é terrível é que a prática é a *prática da formação deles*! Mas eles não têm que dar palpite na sua formação, porque o educador está ali: ele sabe tudo.

É formidável! Essa programação, no fundo, é domesticadora do futuro, através da domesticação do presente. E, na verdade, tudo está previsto de tal maneira que tudo deve ser tudo aquilo que está previsto. Quer dizer: a prática não tem que cometer erro! *(risos)* Não é possível nenhum errinho, e — é engraçado —, num tipo de programação como este, se na terça-feira, por exemplo, de repente um grupo de estudantes, de jovens, levanta ou sai do esquema estabelecido, os estudantes é que estão errados. Porque certa está sempre a programação que foi feita.

Isso aí é, na verdade, manipulação autoritária. É autoritarismo, em nome da eficiência

SÉRGIO: E é isso que cria e alimenta, muitas vezes, o medo.

PAULO: Mas é lógico! Porque depois de experiências em que as crianças, seguindo a sua espontaneidade, rompem com esse esquema e são punidas, evidentemente que o medo aumenta.

E aí a gente cai de novo no problema da espontaneidade e do espontaneísmo. Eu tenho impressão, Sérgio, de que uma educação liberadora terá, entre outras coisas, de respeitar e estimular profundamente a espontaneidade dos educandos, sem ser espontaneísta. Quer dizer: negando a manipulação, essa educação rejeita o espontaneísmo, isto é, rejeita o "deixa-como-está-para-ver-como-fica".

Evidentemente, ela aceita a programação, aceita o planejamento. Numa perspectiva democrática, a educação se sabe necessariamente necessitada de planejamento. Mas o que ela sabe, o que essa prática pedagógica exige, é que dessa planificação o educando se sinta também responsável. Aí seria propor ao jovem estudante, ao educando, que ele fosse, na verdade, sujeito da sua educação também, e não puro paciente dos esquemas educativos, por mais generoso e "amoroso" — com aspas já agora — que seja o educador, com os seus esquemas e as fôrmas que esses esquemas implicam, dentro das quais teríamos que pôr os educandos.

5. "NO FUNDO, QUEM É MAIS PROBLEMA? É A CRIANÇA OU A ESCOLA?"

SÉRGIO: Agora, Paulo, o problema do medo acho que também depende muito das formas de punir, utilizadas muitas vezes sem qualquer escrúpulo moral. Quando se trata de sufocar, por exemplo, um aluno inconveniente, muitas vezes são aplicadas formas de punir imorais, o que me faz ver — nessa atitude de compressão para que a espontaneidade da criança não se desenvolva — a tentativa de manter o controle a qualquer preço, inclusive utilizando instrumentos desonestos, de força, para impedir que o processo de desenvolvimento da própria criança se faça.

Essa imoralidade dentro da educação, dentro da maneira como a criança vai aprendendo, como o aluno vai estudando, muitas vezes é que reforça o medo ainda. É quando o aluno é pego desprevenido por um lado em que a punição ocorre sem estar ligada à punição prevista, não? Muitas vezes na nota; muitas vezes no "gelo" em que esse aluno é colocado; muitas vezes na manipulação de determinados grupos contra o aluno-problema, o aluno rebelde. Isso é que funciona também como elemento reforçador da manutenção do medo.

PAULO: A própria rotulação de uma criança, qualquer que seja a idade dela, como criança-problema, por exemplo, ou como criança excepcional, que deve então ser posta numa salinha diferente, com uma outra professora.

Em primeiro lugar, essa classificação já é em si muito perigosa de ser feita. Segundo: em face de toda criança considerada problema, rebelde, a escola se teria de perguntar sobre si também. No fundo, quem é mais problema? É a criança ou é a escola? Até que ponto certo tipo de escola... Eu não digo *a* escola, pois, como já disse num papo nosso anterior, para mim toda crítica à educação que se centra na escola, e que a toma como se fosse uma categoria metafísica, é ingênua. Eu não estou contra *a* escola, mas contra *esta* escola que está aí. Retomando o veio da questão, vê bem: uma escola, por exemplo, e, quando eu digo agora "uma escola", estou dizendo uma educação sistemática, agentes dessa educação... uma escola que não é capaz de sensibilizar-se e de procurar entender a tristeza, a tragédia dos alunos, a tragicidade de crianças que se experimentam dramaticamente na periferia, por exemplo, dos grandes centros; de crianças que têm medo; de crianças que não se vestem; de crianças que têm um sapato no pé direito, nunca no pé esquerdo; de crianças cujas famílias se dilaceram, se desestruturam em função mesmo da necessidade fundamental de sobreviver.

Uma escola que não é capaz de compreender a dor, que não é capaz de compreender a infelicidade dessas crianças, e que não é capaz também de entender os momentos aparentemente absurdos de suas alegrias apesar de todo um mundo de infelicidades, essa escola facilmente é levada a considerar grande parte dessas crianças como crianças-problema. Porque, na verdade, dificilmente deixará de haver problemas, numa situação concreta como essa. Mas no momento em que a escola, em lugar de ajudar, aumenta os problemas da criança, pela incompreensão dos seus problemas, então essa escola necessariamente termina por usar — como disseste muito bem — muito mais caminhos coercitivos, que por sua vez terminam por provocar o medo.

Eu não sei se tu concordarias comigo neste ponto, porque há uma prática tua nisso, e não há em mim. Em mim há na observação das práticas dos outros. Eu nunca fui professor primário, digo-te com tristeza, em áreas proletárias, em áreas populares. Mas a impressão que eu tenho, Sérgio, é a de que essa repressão da escola que está alheia, distante e cética em face da dor e da tristeza das crianças, essa repressão que vem acompanhada da rotulação de criança-problema em A, B, C, e D, de um lado provoca mais medo; do outro, também rebeldia, rebelião.

Em lugar de essa escola criar ou possibilitar a compreensão — nessas crianças, nesses adolescentes — da necessidade de mudar, essas escolas ajudam ou estimulam a pura rebeldia, a pura rebelião das crianças em torno da vida, em torno delas — delas, escolas.

E se diria: "Mas, Paulo, tu estás com medo também da rebelião?" Digo: não, eu acho que a rebelião é formidável, mas não é possível parar na rebelião. Quero dizer: a consciência rebelde tem que ser superada por uma consciência mais crítica em face dos fatos que me fazem rebelde.

6. Professor-problema? Problema político

Sérgio: Sim, mas, Paulo, o que acho interessante é que, ao falar do problema da rebeldia, a gente acaba situando tanto o professor quanto o aluno nessa questão, não é? Fala-se muito do aluno-problema, mas pouco do professor-problema. Daquele professor que é visto como problema e que está, muitas vezes, em dissonância com a orientação oficial. Também para ele, os mesmos problemas, a mesma visão eu acho que se coloca. Ele é defrontado constantemente com uma resistência tal, ou melhor, acaba ele tendo que fazer um trabalho de resistência onde o que o apoia são as compensações humanas que ele vai tendo das pessoas que entendem seu trabalho, dos alunos que entendem, dos pais que entendem e que, no fundo, mesmo sem grande estardalhaço, o apoiam. Ou seja: é muitas vezes nas alegrias que se tem, nas compreensões que se tem na prática, que o professor-problema pode se situar. Da mesma forma como o aluno-problema, é, muitas vezes, nas alegrias de uma aprendizagem feita *apesar de*, que ele encontra a compensação para continuar aprendendo e ensinando de uma maneira que não é a desejada.

PAULO: Agora, no meu entender, o ideal é que o professor, esse que chamas de "problema", seja capaz... seja um problema na medida em que ele não pode deixar de problematizar. Nesse caso, ele não é professor-problema para os alunos, mas é professor-problema para o autoritarismo da estrutura a que está submetido.

SÉRGIO: Sim, porque às vezes não é que ele crie problema. Há problemas que efetivamente ele pode criar, mas frequentemente os problemas que se diz que ele cria são problemas que ele simplesmente explicita.

PAULO: Exato, exato. Mas no momento em que explicita os problemas, ele é problema, agora político. O ideal, então, é que ele seja um professor-problema, mas enquanto problema político para uma administração antipopular. Aí ele cumprirá a sua tarefa. Apenas terá que reconhecer os limites em que pode ser problema, para que não bote a perder o seu próprio trabalho, pela repressão a que pode ser submetido.

Mas, nesse caso, em sendo problema para uma administração reacionária, ele não é problema para os educandos. Ele é tão mais problema para a administração reacionária quanto mais democrático ele é para com os estudantes. É um professor que, por ser problema para a administração, é problematizador dos educandos. Problematiza o mundo dos educandos, a realidade deles; e, ao problematizar essa realidade, convidando-os a desocultar a realidade, ele se transforma necessariamente em problema cada vez mais perigoso para a autoridade que, por sua vez, ideologicamente, gostaria de continuar ocultando a realidade.

Esse é um chamamento que eu faço aos educadores que nos leiam amanhã: cumpramos o nosso dever de desocultadores da realidade e assumamos o papel de "problemas".

7

SOBRE O CRESCIMENTO DO SOCIAL

1. POR TRÁS DESSA IDEIA DE INDIVIDUALIZAÇÃO

SÉRGIO: Eu me lembro de que, na terceira conversa que nós tivemos, você expôs algumas ideias, das quais procurei depois extrair algumas linhas de discussão. Cada uma das conversas seguintes, aliás, foi pautada com base em cada uma dessas ideias que você tinha levantado.

Nós já chegamos, praticamente, a conversar sobre três dessas linhas, mas tenho anotada ainda uma que me ficou, e que você abordou de raspão. Eu anotei: "caráter social da aprendizagem." Na realidade, quando falava da disciplina intelectual, que ganha sentido real quando se constrói numa relação curiosa entre o sujeito e o objeto de conhecimento, você disse que, de qualquer maneira, a estimulação a essa aprendizagem, a essa disciplina, a essa relação curiosa, deveria não ser apenas individual, mas de grupo.

Anotei essa questão porque, hoje em dia, é muito comum se chamar a atenção para determinadas técnicas de aprendizagem que se concentram praticamente na relação individual entre o aluno, o material de conhecimento e o instrutor (ou professor), privilegiam essa relação e tendem a transformá-la numa relação quase exclusiva.

É claro que nem todas as escolas fazem isso, e que nem todos os professores estão privilegiando esse tipo de relação individualizadora. Nas escolas públicas, aliás, a socialização da aprendizagem ainda é um fato, também porque essas escolas não teriam sido eficazes em transformar as relações professor-aluno em relações estritamente "individuais". Seria preciso que se elaborassem, para cada aluno, materiais de instrução individualizados, e que esse aluno fosse guiado apenas pelo material e pelo professor, o que ainda não aconteceu em larga escala.

Mas, principalmente nas áreas de educação para fins profissionais, ou de treinamento em empresas, por exemplo, está se tornando cada vez mais comum se encontrar uma equação do problema através de materiais para estudo individual, prioritariamente. Como é que você vê essa questão?

Paulo: Olha, minha visão é a de que, no ato de conhecimento, não é possível negar a dimensão individual do sujeito que conhece. Mas acho que essa dimensão não basta para explicar o seu próprio ato de conhecer. O ato de conhecimento, no fundo, é social. Se bem que, repito, o aspecto individual de quem conhece e às vezes também a privatização de quem está conhecendo, ou re-conhecendo, existem.

Mas o que não se pode negar é a gestação social do conhecimento. Vamos tomar um exemplo: a minha prática individual de conhecer um certo objeto se dá numa prática social que condiciona a minha aproximação individual a um certo objeto. Não sei se estou sendo claro...

Sérgio: Em todo caso, está filósofo... *(ri)*

Paulo: Ao expor-me socialmente, essa prática social condiciona, em grande parte, a maneira como me acerco de um objeto para conhecê-lo. Se isso é uma verdade, então o problema que se coloca, no meu entender, não é o de jamais exclusivizar a dimensão individual do ato de conhecer, mas o de, reconhecendo essa dimensão e beneficiando esse aspecto, jamais esquecer a condição social que explica, mais do que a individual, o ato de conhecimento.

E me parece ainda mais: é preciso que o estudante, por exemplo, enquanto sujeito curioso e que busca conhecer, reflita sobre este caráter social do conhecimento e reconheça a dimensão social do seu ato individual de conhecer. Não te parece?

SÉRGIO: Sim, mas, Paulo, o indivíduo que raciocina no sentido de privilegiar a aprendizagem, do ponto de vista individual, pensa também no seguinte: "Por que é que as pessoas têm que aprender todas no mesmo ritmo? Que relação eu estabeleço entre o ritmo que eu tenho para aprender, que é um, e o ritmo, evidentemente diferente, que outros companheiros meus da mesma turma (se eu sou aluno) têm?"

Por trás dessa ideia de individualização, existe uma tentativa de se explicar essa individualização pela liberdade que se dá ao indivíduo para que ele, individualmente, possa aprender e progredir mais rápido que os outros.

PAULO: Hum, hum. Não, eu voltaria a insistir, por exemplo, em certas características individuais que o sujeito tem, que eu tenho, que tu tens... O que eu acho é que elas não são suficientes para explicar o conhecimento enquanto atividade histórica também. O conhecimento é social e é histórico. Ele não se dá fora do tempo nem fora do espaço; há uma historicidade da ciência, há uma historicidade do conhecimento, que tem limites. O sujeito que conhece está histórica e socialmente limitado no ato de conhecer. E esses limites são sociais, e não apenas individuais.

Mas o que para mim não é possível é negar também os limites individuais, ou as qualidades ou as disponibilidades individuais, entendes? Então, para mim, o que a escola teria que fazer seria, reconhecendo o caráter social do ato de conhecer, ajudar as qualidades individuais, ou melhorar as deficiências individuais dos diferentes sujeitos cognoscentes, que são os alunos e que estão dentro dela. Mas sem esquecer, de maneira nenhuma, a dimensão social desse ato. E inclusive, no meu entender, problematizando os estudantes no sentido de que vire para eles uma obviedade o fato de que a prática de conhecer se dá na prática social, está ligada a essa prática social como está ligada à produção, à vida material de uma sociedade.

2. "Uma coisa mais difícil do que competir."

Sérgio: Mas, Paulo, como é que você analisa o problema da competição e do uso da competição na aprendizagem?

Paulo: Penso que a competição é também profundamente ideológica. Ela nasce, de um lado, de um tipo de sociedade, de um tipo de produção material, que é competitiva. A escola reproduz essa produção, ao nível agora da cultura e do conhecimento, e fundamenta o ato de conhecer na competição de conhecer. Ora, isso se dá exatamente num tipo de sociedade como a nossa, por exemplo.

Mas numa sociedade que fosse diferente, ou que pretendesse ser diferente; numa sociedade que encarnasse um outro sonho, um sonho em que as relações sociais, por exemplo, fossem relações não de competição, mas de solidariedade, de companheirismo, então necessariamente a educação seria também diferente.

Não digo isso de forma mecânica, mas se supõe que, na medida em que uma sociedade vai fazendo girar a sua produção de tal maneira que as relações sociais de produção — ou em torno dessa produção — se deem em termos de solidariedade e não de competição, espera-se que, dentro das escolas, a produção do conhecimento e o exercício de conhecer o conhecimento que já existe se deem não em termos competitivos, mas sim de solidariedade.

Agora, acho que o difícil — se bem que não impossível — é educares os teus filhos, por exemplo, numa sociedade competitiva, sem serem competitivos, não? Eu tentei uma experiência como essa com os meus filhos, e acho que a única coisa válida que Elza e eu conseguimos fazer foi — nos papos informais com nossos filhos, papos que são no fundo a educação mesma — chamar a atenção para que vivíamos num mundo de competição e não tínhamos que nos surpreender com ela, mas tínhamos que nos capacitar para fazer uma coisa mais difícil do que competir: nos solidarizarmos.

Ora, penso que, numa escola, também o educador poderia fazer isso. O que não pode é ser ingênuo e pensar que pode fazer uma ilha só para ele. Mas pode fazer a problematização da sociedade competitiva numa prática de conhecimento não competitivo.

3. Melhor controle? Carga ideológica

Sérgio: Certo. Mas, além do problema da competição, quando se é partidário de uma programação da aprendizagem privilegiando-a do ponto de vista individual, argumenta-se também que, se o indivíduo pode conduzir — ele sozinho ou com o menor número de parceiros — a sua aprendizagem, melhor ele pode controlar as condições nas quais essa aprendizagem vai se realizar.

Por outro lado, em muitos casos, a programação já vem de tal forma homeopaticamente distribuída que há um controle por pequenos passos. O indivíduo pode ir percorrendo a esfera do conhecimento que lhe é proposto, pausadamente. A cada passo ele aprende um determinado número de coisas; depois passa para outras, e outras. E ele regula a velocidade disso. Então, uma das supostas vantagens da individualização da aprendizagem é dar ao indivíduo não apenas a possibilidade de chegar mais rápido, mas a de chegar melhor, por estar regulando a sua própria aprendizagem no momento em que ele vai executando aqueles passos.

PAULO: Sei.

SÉRGIO: E o que é que você acha disso?

PAULO: O que eu acho é que, no fundo, esses próprios passos e essas próprias técnicas que estão sendo postas estão fora dele também, e fora de quem propôs isso a ele também.

Evidentemente, isso tem uma carga ideológica, uma dimensão política, e transcende ou ultrapassa a posição de uma pessoa que pensou isso. Eu te diria que, no fundo, isso está situado numa perspectiva de classe.

SÉRGIO: Agora, a gente sabe que essa corrente de individualização da aprendizagem trabalhou, durante muito tempo — e, aliás, continua trabalhando — com a psicologia experimental, com uma visão sistêmica dada por uma teoria de sistemas...

PAULO: Não importa...

SÉRGIO: Mas é um setor da educação bastante organizado do ponto de vista da sistematização dos dados e dos problemas, não? E se apresenta como uma suposta evolução, do ponto de vista tecnológico e ideológico, não é?

Paulo: Eu sei! E eu me lembro, por exemplo, de uma das afirmações de Skinner, em nome da ciência, quando ele diz que, se não fosse o preconceito que a civilização ocidental tem em torno da liberdade, há muito tempo se conheceriam muito melhor as formas de comportamento do ser humano e se estaria fazendo um controle muito maior e mais objetivo sobre esse próprio comportamento. Vê bem: se não fosse o preconceito, diz Skinner, da civilização ocidental em torno da liberdade! E é por isso que ele também fala do atraso em que a civilização ocidental se acha do ponto de vista do conhecimento do comportamento humano, porque ela parou em Sócrates, diz ele. E, tendo parado em Sócrates, a humanidade não se adiantou cientificamente. Ora, Skinner diz isso em nome de uma ciência comportamental, entendes? E ele se julga um cara apolítico!

Na verdade, essa afirmação, como outras, é afirmação política, é afirmação ideológica, independentemente do fato de o cientista estar sabendo disso ou não. De maneira que, quando se exacerba — como dizias aí — o caráter individual do processo de aprendizagem (eu prefiro chamar de conhecimento a propriamente de aprendizagem; o problema, para mim, não está em aprender A, B ou C; o problema é *conhecer* o problema A, B ou C, é desvelar o concreto, desvelar o real)... Quando se enfatiza o problema da individualidade, da dimensão individual do sujeito que conhece, em lugar de dizer "do sujeito que puramente aprende", evidentemente se está tocando aí num aspecto que é concreto, que existe: há, indiscutivelmente, uma dimensão individual no ato de conhecer. Só que ela não é suficiente para explicar o próprio ato de conhecer, porque há uma dimensão social que é maior do que a individual. Mas existe a individual.

Tudo, então, que se possa fazer na estreiteza de um quarto, para desenvolver, estimular a capacidade individual nesta aprendizagem, chamemos assim, está certo, do ponto de vista daquele sujeito e até de outros sujeitos. Eu não nego que se possam ter resultados extraordinários com o menino A, B, C ou D! Mas, para mim, o fundamental não é isso. O fundamental é o crescimento do social, no qual o individual cresce necessariamente.

A minha visão do crescimento, do processo inteiro, é global, e não individual. Acho, inclusive, que se desenvolve o todo para desenvolver as partes, e não as partes para desenvolver o todo, entendes? Então, é claro que eu jamais negaria a necessidade — como eu disse antes — de ajudar determinadas qualidades individuais a crescer no processo geral de educação, desde que, em primeiro lugar, os portadores dessas qualidades ou dessas deficiências sejam ajudados a ajudar-se e, portanto, não sejam objetos de quem ajuda; e, em segundo lugar, desde que ficasse muito claro, no próprio processo da ajuda, que o social é absolutamente fundamental.

No fundo, todo processo de conhecimento a nível individual deveria estar com as vistas voltadas para a transformação permanente da prática social de que a individual é parte.

4. O papel da cátedra e a dinâmica de grupo

Sérgio: Agora, Paulo: a gente sabe que, por exemplo, uma crítica radical que se fazia à escola tradicional era de que, no fundo, ela privilegiava o papel do professor, que, da cátedra, se dirigia aos seus alunos, mantendo-os do outro lado, frente ao tablado. Com isso, a relação de aprendizagem e ensino se desenvolvia sempre entre esse professor e cada um de seus alunos, nem sempre beneficiando o relacionamento *entre* os próprios alunos.

Bom, como reação a essa atitude arcaica da escola tradicional, apareceu toda uma movimentação em torno do uso, por exemplo, de dinâmica de grupo, não é? Aí passou-se a valorizar muito o papel de grupo, o que chegou até a servir de pretexto, em determinados momentos, para muitos professores acharem que isso os liberaria do trabalho pedagógico, na medida em que o grupo faria o trabalho, o curso se desenvolveria — isso a gente viu na universidade — praticamente com base em seminários, sendo as aulas expositivas quase que reduzidas a pó, não é?

Enfim: fez-se também muita experiência, muita tentativa na área da dinâmica de grupo. Pois bem, como é que você encara essa questão da dinâmica de grupo, a maneira como ela foi trabalhada, e o que é que se poderia esperar de uma dinâmica de grupo para, justamente, enriquecer esse caráter social da aprendizagem?

8
EXPOR-SE AO DIÁLOGO

1. AULAS? SEMINÁRIOS? MOVIMENTO DE PÊNDULO

SÉRGIO: Na última vez em que conversamos, já no final do diálogo, eu havia formulado algumas questões que não chegamos a desenvolver. Para introduzir essas questões, eu tinha feito um comentário ligeiro sobre a escola tradicional, que foi muito criticada por beneficiar, através das aulas expositivas, uma relação unilateral, "individualizada", entre o professor e cada um de seus alunos.

Eu disse também que, como reação a essa atitude arcaica do professor, surgem as iniciativas de dinamizar os grupos. Cheguei mesmo a fazer referência a um momento de auge dessa tendência, quando, nas universidades, por exemplo, muitos cursos eram dados praticamente à base de seminários, tendo sido pulverizadas as aulas expositivas, não? Seria, num movimento de pêndulo, o extremo oposto ao da escola tradicional. A partir daí é que eu tinha formulado a questão da dinâmica de grupo.

Encarando agora essa questão uma semana depois, eu observaria ainda que essa movimentação, na própria história da educação, nos leva em determinados momentos a assumir posições talvez demasiado radicais, quando elas pretendem excluir da escola anterior, da visão da pedagogia anterior, aquilo que ela poderia ter de útil e que, portanto, poderia permanecer na tradição da nossa educação.

Durante a semana, comecei a refletir um pouco sobre isso aí. Ao nos colocarmos numa postura de escola não tradicional, até que ponto somos capazes de extrair das experiências de quem já se ocupou com a educação primária, por exemplo, as que podiam ser mantidas? Quando isso não é feito, quando há esse lapso na memória da nossa história, corremos o risco de cometer impulsos extremos e, por serem extremos, também criticáveis. Essa, portanto, é uma linha de reflexão.

Uma outra é a maneira como se pode, dentro do ensino, conciliar as atividades mais concretamente individualizadas com atividades em que o grupo passasse a ser uma entidade importante — e, dentro desse grupo, a função de cada um dos elementos, inclusive a do professor, já como membro do grupo. Essa seria uma outra linha sobre a qual se poderia refletir.

Basicamente, as questões que formulei da última vez têm essa figura aí. Não sei se seria o caso de eu continuar desenvolvendo mais uma reflexão, um pensar alto com você, ou se você teria já alguma coisa a dizer.

2. "O mal não está na aula expositiva."

Paulo: Eu teria uma série de coisas a dizer, mas tenho a impressão de que o ideal, inclusive, é que digamos juntos. Não pode ser os dois de uma vez só (ri), mas que pensemos, por exemplo, sobre a primeira parte da tua reflexão. A validade da tua questão está em que ela não é apenas uma pergunta: é uma pergunta que afirma.

Por exemplo, quando refletes sobre a tentativa de certas modernidades suplantarem o que se chamaria de certas "tradicionalidades", a tua pergunta implica uma afirmação que é, exatamente, a afirmação de que essa postura é ingênua também. Aí tu exemplificas muito concretamente quando falas na questão das chamadas aulas...

SÉRGIO: ...expositivas.

PAULO: ...que, em certo momento, passaram a ser consideradas como coisas negativas, absolutamente inoperantes, e aí surgem em seu lugar as reuniões e seminários etc. Bem, tenho a impressão de que eu até sou um sujeito que me obrigo a dizer alguma coisa sobre isso nesse diálogo, e me obrigo, inclusive, no sentido de ou dizer melhor hoje alguma coisa que eu não disse tão bem ontem, ou de explicitar, de maneira mais ampla talvez, algumas das minhas críticas ao que chamei de "concepção bancária da educação", para que se compreenda melhor a minha posição diante desse problema agora.

Talvez seja a primeira vez até em que volto a esse tema de maneira mais detida, recentemente. Quando eu digo "detida", digo "preocupada". A impressão que tenho, Sérgio, é a de que o mal não está na aula expositiva, na explicação que o professor ou a professora fazem. Não é isso o que caracteriza o que critiquei como prática bancária. Critiquei, e continuo criticando, aquele tipo de aula — eu até diria: aquele tipo de relação educador-educando — em que o educador se considera o exclusivo educador do educando. Segundo: em que o educador rompe ou não aceita a condição fundamental do ato de conhecer, que é a da sua relação dialógica. Terceiro: por isso mesmo, aquela relação em que o educador transfere o conhecimento em torno de A, de B ou C objetos ao educando, considerado como não portador desse conhecimento.

Essa é a crítica que fiz e continuo a fazer. Ora, o que se pode perguntar agora é o seguinte: será que toda chamada aula expositiva é isso? Acho que não. Há aulas expositivas que são isto: puras transferências do conhecimento acumulado; portanto, são aulas autoritarias, em que o professor, autoritariamente, faz o impossível, quer dizer, transfere o conhecimento. Essa é a que eu critico.

Há ainda outro tipo de aula em que o educador, aparentemente não fazendo a transferência, termina também anulando a capacidade crítica do educando, porque são aulas que se parecem muito mais com cantigas de ninar do que propriamente com desafios. São exposições que domesticam, que fazem com que o educando durma, embalado. De um lado, o educando dormindo embalado pela sonoridade da palavra que o professor tem. De outro, é o professor também se ninando a ele mesmo. No fundo, são aulas que funcionam como estímulo e satisfação a um possível tipo de narcisismo oral ou auditivo, em que o cara se embeleza com sua própria voz.

Mas há uma terceira posição, que considero profundamente válida, que é aquela em que o professor faz a exposição do tema a ser proposto aos educandos, e, em seguida a essa exposição pequena — de trinta, quarenta minutos, uma exposição metodicamente arrumada, estudada, preparada —, o grupo de estudantes participa com o professor na análise da própria exposição. Em outras palavras, é como se o professor fizesse — e na verdade é isso —, nos seus trinta minutos de exposição, um desafio para que os estudantes, agora perguntando-se e perguntando ao professor, realizassem o aprofundamento e o desdobramento da exposição inicial desafiadora.

Ora, um tipo de trabalho como esse de maneira nenhuma poderia ser considerado como negativo, e como escola tradicional no sentido ruim dessa palavra. Aí há uma tradição que é correta, que é até a do cara que escreve o seu texto e que lê para o estudante, desde que ele faça o desafio, desde que desperte a criticidade do educando para acompanhar o discurso que ele está proferindo.

E, finalmente, acho que ainda há um outro tipo de professor, que seria talvez menos eficiente do que esse, mas que também não consideraria "bancário" no tipo de crítica que faço. É aquele professor, muito sério, inclusive, que, diante dos estudantes de um curso, se põe numa relação com o tema que ele trata — numa relação de profundo respeito e afetuosa até; relação quase amorosa que ele trava, entre ele e o seu tema —, e ora ele faz isso sem ler, ora lendo um texto dele ou de um livro de outro autor, não importa... E aí ele passa até o tempo todo, vamos admitir duas, três horas e meia, com algum intervalo, e testemunha aos estudantes como ele estuda, como trabalha com seriedade um certo tema. Ora, no nível das minhas exigências, esse professor não é propriamente dialógico, sem ser um antidialógico. Não é um autoritário, nem um tradicionalista no sentido ruim da palavra, mas acho que faltaria a ele um pouco mais para chegar ao terceiro exemplo que eu dei antes. Mas até esse também acho que merece respeito...

Sérgio: Inclusive porque, no fundo, ele está estudando e refletindo em público.

Paulo: Exato, exato! É, na verdade, humilde também. Ele mostra em público como é que ele pensa, como é que ele reflete. E cabe ao estudante, aí, ter a capacidade crítica de acompanhar o movimento que o professor faz, na aproximação que ele busca do tema.

Sérgio: É muito comum encontrar esse tipo de professor, principalmente nos bancos da universidade, não é?, onde a gente depara, às vezes, com professores que dão cursos magistrais, perfeitos, que são monólogos de altíssimo nível científico, metódico, em relação a determinados temas. Esse tipo de professor talvez mostre, de forma pública, mais uma atitude de pesquisador, de homem de conhecimento ligado à pesquisa do conhecimento, do que propriamente à do professor, naquilo que o professor teria de mais elementar, de mais comum, por exemplo, no primário, que é a atitude do acesso fácil às pessoas, de um relacionamento amistoso e aberto. Coisa que, muitas vezes, esse professor, que é mais um pesquisador, não tem necessariamente.

Paulo: Em certo aspecto, esse tipo de professor comete um equívoco também. Mas quero salientar aqui que, mesmo reconhecendo que há um certo equívoco nele, eu respeito o professor que se comporta assim com seriedade.

Para mim, o equívoco está em que a pesquisa implica docência, e a produção do conhecimento novo implica o conhecimento do conhecimento produzido. Por outro lado também, a relação de conhecimento não termina no objeto, ou seja, a relação não é a do sujeito cognoscente (ou a do sujeito que conhece) com o objeto cognoscível (ou com o objeto que pode ser conhecido). Essa relação se prolonga a outro sujeito, sendo, no fundo, uma relação sujeito-objeto-sujeito, e não sujeito-objeto.

Então, esse tipo de professor, para mim, pode inclusive dar uma contribuição excelente também. Eu não sou é sectário. Acho que um tipo de professor como esse, sério, correto, que testemunha ao estudante como é que ele se relaciona enquanto sujeito com o objeto, tem também a sua validade.

Só que era preciso, no meu entender, que ele se abrisse, o que certamente acontece também, porque dificilmente alguém consegue ficar só no objeto. O que pode ocorrer é que ele faça menos a triangulação do que outro que esteja preocupado em fazê-la permanentemente. Mas de qualquer maneira, em algum momento da sua aula, quanto mais sério ele for, tanto mais ele fará de vez em quando essa triangulação, em forma de uma pergunta, de uma discussão que ele marque num dia etc.

Eu até te digo que ninguém mais do que eu tem o dever de fazer um comentário como esse, porque eu critiquei duramente isso que chamei e continuo chamando de "educação bancária". E gostaria de chamar a atenção para isso, a fim de que não pensem que eu estaria incluindo, na minha crítica, professores desse tipo, a quem respeito. Eu conheço alguns...

SÉRGIO: Não, inclusive, Paulo, esses professores muitas vezes nos deixam saudades...

PAULO: Exato! Também isso!

SÉRGIO: A quantas aulas eu assisti, por exemplo, na minha vida de aluno, aulas admiráveis, que demonstravam a competência, a seriedade do professor em relação ao objeto que ele estava conhecendo, e demonstrando publicamente conhecer, e até indicando um caminho possível de se conhecer, a nível de pesquisa do objeto de estudo! Então, é claro que criticar essa gente talvez fosse cometer uma profunda injustiça em relação à sua maneira de ser, como pessoa agindo em sala de aula, não é?

PAULO: Um professor como esse às vezes cansa o aluno, mas não no sentido mau que essa palavra tem. Cansa porque desafia de tal maneira o educando durante a sua prática de ir desvelando o objeto, não?; o seu discurso desvelador é tão demandante, é tão exigente, que o aluno se engaja no movimento do discurso e se cansa no final. Então, o fato de ele se cansar é a prova de que o professor realmente o desafiou. Portanto, esse professor não fez cantiga de ninar. Por isso mesmo, ele não é um bancário.

É preciso ficar muito claro, e acho que tens razão: nessa questão da crítica à aula expositiva, é preciso saber que aula é essa.

3. "O IDEAL É JUNTAR AS DUAS COISAS."

SÉRGIO: Bem. Por outro lado, há a questão do grupo quando começa a interagir, não? E, da parte do professor que começa a atuar não apenas de forma expositiva em relação aos seus alunos, há o problema da posição desse professor em face do grupo: o de conciliar o seu trabalho de ora expor seu testemunho, ora atuar em grupo. Como é que você vê esse trabalho do professor que, de um lado, já tem uma relação bastante íntima com o objeto de conhecimento e tem, do outro lado, sujeitos que também se propõem a conhecer e a se conhecer?

PAULO: Acho que isso provoca uma riqueza extraordinária, sabes, Sérgio? Pelo menos esse é o depoimento que eu daria da minha própria experiência. É claro que isso exige do professor uma certa humildade, um respeito muito grande à capacidade dos estudantes e aos níveis diferentes com relação a essa capacidade. Isso exige que ele assuma a ingenuidade do educando como única condição para superá-la. Mas no momento em que ele se percebe necessitando assumir a ingenuidade do educando, expressa, por exemplo, em perguntas deslocadas, mal colocadas, malfeitas; no momento em que ele reconhece que é preciso assumir essa ingenuidade, ele também necessariamente tem que reconhecer que precisa assumir também a criticidade do estudante, que, às vezes, é mais crítico do que ele, professor, num determinado momento do diálogo, não? Tudo isso nem sempre é fácil de ser vivido, mas é preciso. No fundo, é preciso fazer a descoberta dessa coisa óbvia, de que, expondo-nos a uma série de pensamentos e de expressões diferentes de pensamentos de um grupo de trinta estudantes, estamos — tudo indica — crescendo juntos, re-aprendendo e re-conhecendo, na atividade de conhecimento que os estudantes vêm desenvolvendo.

Acho que o ideal é juntar as duas coisas: aquele terceiro tipo de professor de que falei — aquele que expõe e provoca o debate com o grupo a quem expôs — com essa outra atividade em grupo.

Quer dizer: quase sempre eu exponho durante os debates, já. Em lugar de partir com uma exposição que funcionasse como desafio ao grupo de estudantes, eu começo conversando com o grupo. E a gente começa sempre a conversar fazendo uma tentativa de compreensão crítica da prática de cada um. É exatamente tentando compreender a prática de cada um, dentro e fora da universidade, que a gente começa o diálogo, no início do ano.

E aí, interpretando determinados momentos de certas práticas, eu faço então o papel daquele terceiro professor: ao fazer um comentário, exponho, então, durante dez, quinze minutos, o que me parece que uma certa prática me provocou. Eu reajo em termos de um

PARTIR DA INFÂNCIA | 145

discurso teórico pequeno. Esse discurso ora é debatido em seguida pelo grupo de estudantes, ora é anotado e volta depois, no movimento contínuo que procuro desenvolver com eles.

Se tu me perguntasses "E tu achas que isso é uma coisa formidável?", eu diria: Não, acho que é uma coisa normal. Acho que a gente não salva o mundo com isso, mas cria algumas coisas que me parecem boas, além da amizade, que acho absolutamente necessária, indispensável.

Eu te confesso: eu gostaria enormemente que, daqui a dez, quinze anos, algum estudante, mais velho do que tu hoje, ou da tua idade hoje, pudesse dizer também, numa conversa com outro professor, que tem saudade de mim. Eu acho que o professor que desdenha a provável saudade que um aluno seu hoje vai ter dele amanhã, não merece realmente que dele se tenha saudade.

Eu aposto nisso. No fundo, acho que o ato pedagógico é muito amoroso também, sem ser piegas, sem ser adocicado, nada disso. É uma coisa assim radicalmente amorosa. Mas, além disso, dessa busca que considero fundamental, a impressão que tenho é de que um tipo de trabalho como esse — em que se pode combinar a exposição, a aula expositiva em torno de um certo objeto, com a reflexão crítica em torno do objeto e das relações que esse objeto mantém com outros — tem a validade de se autenticar como uma experiência realmente dialógica, além daquela dimensão afetiva que se pode desenvolver entre todos os participantes de um grupo assim.

4. "Facilitador coisa nenhuma! Eu sou é professor!"

Sérgio: Mas, ao se colocar um professor numa posição de um membro de grupo, você acha que todo o seu papel passa a ser norteado também em grupo? Por exemplo, você acha que também o sistema de avaliação seria discutido com todos? Como é que você encara a questão do método, das normas de atuação e dos critérios de avaliação do trabalho, a partir do momento em que o professor atua também como elemento de grupo?

Paulo: Olhe, acho que, no momento em que um educador faz essa opção, que é mais política do que pedagógica, ou que é político-pedagógica, ele deve procurar uma coerência, na prática, com essa opção. Então, evidentemente que, pondo de lado aqueles limites administrativos, legais, e que o educador não pode anular com o educando, não há por que não discutir — dentro dos limites estabelecidos — com os educandos os critérios de avaliação.

É exatamente isso que eu também faço com os estudantes dos seminários e dos cursos de que participo. E vê bem: eu não digo "dos meus cursos", por uma questão de coerência. Eu não tenho cursos. Eu participo de cursos. É claro que, no fundo, tenho que dar uma nota. Essa nota é indispensável ao próprio aluno; se eu não der, amanhã ele reclama, e a universidade não deixa que eu não dê; eu tenho que dar. Não há por que negar que se deve dar nota!

Agora, então, o que é que eu faço? Eu discuto com os estudantes. A cada ano, em cada curso, diferentes maneiras de avaliar.

Sérgio: Aliás, foi graças a uma atividade em grupo que alguns alunos que eu tive na Universidade de Lyon II quiseram te conhecer, não é? E o nosso ato de conhecimento foi gerado exatamente aí, a partir de uma vontade de elementos do grupo, que era também uma vontade minha. Houve aí um interesse comum de te conhecer. Ou seja: a forma de se trabalhar, a meu ver, é que pode abrir caminhos de conhecimento.

PAULO: Exato! Concordo inteiramente. Acho que, às vezes, há uma série de deformações na compreensão de certo tipo de trabalho. Tenho a impressão de que há muita gente que confunde um trabalho de grupo — em que os membros de um seminário, de um curso, têm uma participação ativa, e não apenas são pacientes — com o desaparecimento da chamada autoridade do professor, com o aniquilamento do professor.

Há um equívoco em torno disso tudo. Eu estou absolutamente convencido de que não há por que um professor ter vergonha de ser professor, de ser educador, e inventar outros nomes, como nos Estados Unidos, e dizer: "Sou facilitador." Eu digo sempre nos Estados Unidos: sou facilitador coisa nenhuma! E não tenho por que esconder essa coisa. Eu sou um professor! Agora, o que eu não quero ser, nem na minha prática nem na minha cabeça, é um professor que se considere o exclusivo educador do educando.

O que eu quero, na minha prática, é que o educando que trabalhe comigo assuma também o papel de educador de mim. O educando com quem eu trabalho é educando em um momento e educador em outro. E eu sou educador e educando, e nisso não há nenhuma contradição espantosa, entende? Quer dizer: é a ruptura com o autoritarismo que eu prego e vivo, e não apenas prego. Isso é que eu acho importante.

Para isso, eu até repito uma expressão que usei não me lembro mais em qual dos meus livros: a única maneira que o educador tem de continuar, de estar com os educandos, é *sair*. Mas sair, não do ponto de vista de abandonar a classe. É *sair* do ponto de vista da exacerbação do seu estar. Na medida em que, em lugar de estar, ele *está com,* ele fica. Na medida em que ele apenas está, ele sai estando. Quer dizer: ele será aquele de quem não vai se ter saudades.

Eu acho que isso é que tem que ser posto para um educador democrático! E tem gente que duvida de que seja possível fazer um sério trabalho assim; que só vale na base da imposição.

Mas, por outro lado também, é preciso não confundir essa posição democrática com uma posição licenciosa por parte do professor, uma posição espontaneísta do educador. Ai de quem cruzasse os seus braços e dissesse: "Os estudantes que se danem, façam o que quiserem, porque eu estou aqui exatamente para que eles cresçam!" Essa é a forma negativa de estar *com,* que é uma forma também de sair definitivamente.

5. Longe do Recife. E um dos maiores "fracassos"

Sérgio: Perfeito. Mas, quando você expõe dessa maneira a sua posição como professor, e faz disso uma espécie de profissão de princípios, ou seja: o princípio da posição dialogal, democrática, diante dos outros sujeitos de conhecimento, é claro que, aí, o *estar com,* para você, é estar com os alunos. Já o *estar com* dos alunos é estar com Paulo Freire.

Ora, nem todos são Paulo Freire. Nem todos têm, provavelmente, a oportunidade de desempenhar o seu papel de professor democraticamente, porque muitas vezes é o prestígio pessoal que permite a um indivíduo ser coerente com ele mesmo. A meu ver, a dificuldade da coerência consigo mesmo é muito maior quando se trata de um professor anônimo agindo democraticamente. *(ri)*

PAULO: Sim. Eu entendo o que tu dizes, mas gostaria de te dizer que o prestígio também é histórico. Ele tem uma historicidade, e ninguém nasce *com*. O prestígio não é a qualidade do ser; ele se transforma numa qualidade, ou num defeito, entendes?

Quando eu tinha dezenove anos, obviamente eu era conhecido só por minha namorada, naquele tempo, e que não era ainda a Elza... e pelas companheiras dela e pelos amigos dela, do trem que fazia Jaboatão–Recife e Recife–Jaboatão... Eu morava em Jaboatão, longe do Recife 18 quilômetros... Mas, naquele tempo, quando me conheciam apenas alguns alunos, me conheciam só alguns professores meus, eu era capaz de viver isso, já.

Foi exatamente procurando essa coerência, e vivendo essa coerência, independentemente do tempo meu, mas no meu tempo, no tempo da minha prática, que eu amadureci moço e, velho, moço continuo. Então, hoje, o provável prestígio que eu tenho não foi decretado nem entregue a mim de graça. Foi trabalhado, foi vivido. E ele nasce... não tenho nenhuma vergonha de dizer isso, nem de ficar aqui com falsa modéstia... talvez uma das razões desse prestígio é exatamente a coerência que eu busco ter diante dos estudantes com quem eu trabalho em qualquer lugar do mundo.

Um dos maiores "fracassos" públicos meus, por exemplo, que considero como um dos meus melhores momentos, pela coerência que isso significou, foi em 1970, nos

Estados Unidos, um mês depois que tinha saído a *Pedagogia do oprimido*, que estava começando a ser procurada, a ser falada, e que estava nas listas de best-sellers. Eu estive em Cambridge, Massachusetts, e fui convidado pela Universidade de Harvard, onde eu tinha ensinado seis meses antes, para dar uma conferência. E eu tinha dito que não dava a conferência, naquele sentido tradicional que a gente criticou aqui. E que, pelo contrário, aceitaria fazer uma exposição simples, de cinco, dez minutos, e depois conversar. Disseram "sim" e, quando cheguei ao auditório, havia mais de mil estudantes. E então me anunciam, eu pego o microfone e digo que não vou fazer uma conferência, porque acho que não saberia fazer bem aquele tipo de trabalho, mas que eu ia colocar assim dois ou três problemas, e em seguida a gente podia conversar, discutir.

Pois bem, Sérgio, metade saiu. Retirou-se! E eu tive que ficar calado esperando que o silêncio se fizesse, porque foi embora metade da turma! Ficou então a outra metade, que era muita gente ainda. E eu sabia que aquilo podia ser funesto à venda do meu livro. Mas, na verdade, não foi. Tu vês que até hoje o livro se edita lá todo ano.

Bem, mas houve uma coisa linda, que eu também não tenho vergonha nenhuma de dizer. Quando acabou o papo todinho, tarde da noite, vieram várias pessoas, jovens, me apertar a mão etc. Um deles apertou a minha mão e disse: "Paulo, hoje eu compreendi melhor o livro seu que acabei de ler, *Pedagogia do oprimido*. Compreendi exatamente o que você diz no livro com o que você fez esta noite. Você não fez nenhuma concessão para vender livros. Você também não foi arrogante, você disse simplesmente que não ia fazer uma conferência no sentido tradicional dessa palavra, mas que ia colocar alguns problemas e depois conversar. A metade que queria a conferência foi embora, e isso não o abalou em nada!"

De vez em quando eu me lembro desse fato, que foi um dos maiores aparentes fracassos que tive. Foi ter metade de um auditório indo embora, e me deixando lá!, entendes? Esse negócio, com outra pessoa, poderia ter provocado um desequilíbrio tal que o sujeito ia embora também, porque não aguentava o esvaziamento de um auditório. Eu lá fiquei, em paz. Daí em diante nunca mais um auditório se esvaziou comigo; pelo contrário, eles enchem demais. E há já um consenso: o pessoal já não me chama para fazer conferências no sentido antigo, de grandes discursos.

Sérgio: Ou seja: enquanto houver diálogo, você é o último a sair. *(ri)*

Paulo: Exato. Agora, às vezes sou obrigado também a pedir desculpas e sair, porque canso também. Há três noites, por exemplo, havia 3 mil pessoas num teatro em Porto Alegre. E a quantidade de papéis que chegavam em cima da mesa com perguntas era uma coisa incrível! Mas, afinal de contas, eu resisti muito bem até 22h50. Aí pedi desculpas, o pessoal todo entendeu muito bem, e eu terminei.

Eu nunca abro as sessões, mas sempre fecho, entendes? No momento em que descubro que o cansaço chegou, e que o meu limite está indo embora, então não tenho por que continuar. Em nome de quê? Isso aí é um aspecto da minha coerência: eu não tenho por que ficar submetido a um esquema rígido de tanto a tanto. Eu simplesmente digo ao público: "Agora não dá mais, um abraço é o que eu mando pra vocês. E acabou a reunião." *(ri)*

6. Limites do diálogo e arco-íris de perguntas

Sérgio: Mas, Paulo, além desse limite físico que pode acontecer no diálogo, você já foi defrontado assim com algum outro limite em que a sua capacidade de diálogo se tenha esgotado?

Paulo: Às vezes, um outro limite é a ignorância minha, também. Mas aí é uma coisa que também digo a quem me pergunta. Faz parte também de uma coerência que se impõe: a de eu ser o primeiro cara a reconhecer o limite da minha ignorância. E não tem por que não! Eu digo: "não sei, nunca tinha pensado nisso; na verdade, sou incompetente nisso."

Evidentemente, na medida em que eu andarilhei o mundo todo, nas mais diferentes línguas... não quer dizer que sabendo as línguas, não?, mas tendo traduções... então eu recebi, Sérgio, e lamentavelmente nunca registrei isso, mas recebi assim um tal arco-íris de perguntas, que dificilmente, indo a qualquer outro lugar, eu recebo coisas que nunca tenha recebido antes.

Engraçado... depois de um certo tempo, as perguntas mudam de tonalidade, mudam na maneira de se colocarem; elas têm uma conotação local, regional, cultural; elas têm uma expressão linguística diferente. Mas quase sempre batem em problemas que são de uma atualidade no mundo, é incrível isso!

Vê bem: eu não te digo que eu tenha sempre uma resposta correta, exata. Eu agorinha já disse que um dos limites é a minha ignorância. Mas é difícil que eu não tenha ouvido pelo menos antes... O que pode acontecer é que eu não tenha aprendido também, de um tempo último em que recebi a pergunta; que eu não tenha tido a oportunidade de superar uma lacuna minha de ignorância.

Mas é uma experiência de um enriquecimento extraordinário, não? O que às vezes eu ouvia na Índia; em Chicago; em Fiji, no Pacífico Sul; na Austrália; na África; na Alemanha... lá as perguntas são teoréticas, não?

SÉRGIO: E você vê algum denominador comum nesse arco-íris de perguntas?

PAULO: No campo da política, por exemplo, política ligada sempre à educação, porque sou convidado sempre como um educador, por isso político, mas um educador, e não como um cientista político ou como um filósofo da política, por exemplo.

O que mais tocava e continua tocando eram as perguntas que implicitavam às vezes afirmações, às vezes dúvidas, inquietações, em torno da tradicionalidade — no sentido ruim — dos partidos políticos, revelando uma rejeição... Isso tu deves ter notado também na tua passagem pela França e pela África, não? Perguntas que traziam já no seu corpo a crítica, a rejeição aos comportamentos tradicionais no campo da política e dos partidos políticos e, pelo contrário, enfatizando o papel dos movimentos sociais.

SÉRGIO: Sim. E essa crítica aos partidos políticos tanto à esquerda quanto à direita convencionais...

PAULO: Exato! Convencionais. A mesma crítica! Engraçado: uma rejeição, às vezes, por moços de esquerda, aos partidos de esquerda com comportamentos tradicionais, não? Você reparou muito bem.

E, portanto, uma compreensão nos jovens bem maior do que nos não jovens, por isso mesmo, com relação aos movimentos sociais, incluindo as chamadas "minorias". Palavra também de que não gosto muito, pois que nem sempre são minorias, não? Já reparou que as minorias são sempre, somadas, a maioria?! Por exemplo, os movimentos de mulheres, os movimentos ecológicos, de homossexuais, de negros etc.

Enfim, essa é uma constante nas perguntas, ao lado, evidentemente, de posições sectárias, muito autoritárias com relação ao papel de vanguardas, de partidos com uma concepção vanguardista do poder, por exemplo, da revolução etc. Isso também havia. Mas a tônica... Não sei se tu concordarias comigo, pela tua passagem também, mesmo na tua mocidade, pela França, como professor que tu foste, e pela África. Isso eu percebi em todo o mundo onde eu andei e, chegando ao Brasil, eu encontro isso também.

Não sei se tu concordas comigo; a gente já está aqui talvez antecipando-se a um capítulo desse papo nosso, mas não faz mal, a gente retoma depois... Ao voltar para o Brasil, eu encontro o mesmo. Só que, às vezes, ainda mal perfilado. Mas encontro, de um lado, uma força extraordinária em movimentos sociais e, de outro, uma recusa também às formas comportamentais tradicionais de partidos.

SÉRGIO: Isso eu senti muito claramente, ao lidar sobretudo com público universitário na França, ou com o pessoal que ainda está em formação, mas já complementando essa formação a nível pós-universitário. Com colegas, nesse nível de ensino, a gente encontra uma tônica de crítica às visões de mundo e visões de educação antigas, que passam a ser consideradas arcaicas porque se pretendem as melhores, se pretendem normativas, sugestivas e impositivas do método e de equações de ver a realidade, não é?

PARTIR DA INFÂNCIA | 155

PAULO: Isso.

SÉRGIO: Então, quando as gerações mais novas se dão conta de que elas não têm lugar nem oportunidade para refletir e sugerir também alguns caminhos na área da educação, aí elas passam a contestar a impostura, a arrogância e o poder de instituições tradicionais que não se renovam historicamente. Que vivem hoje com as antenas voltadas para o passado.

7. "UMA DAS MINHAS BRIGAS."

PAULO: Exato. Por isso é que eu acho, Sérgio, hoje em dia, que os partidos revolucionários, chamemos assim — ou partidos de ótica popular e de sonhos populares, sem serem populistas —, precisam ser capazes de compreender a dinâmica desses movimentos, de que alguns desses partidos nascem, e ser capazes de assumir essa dinâmica e aproximar-se desses movimentos. Precisam, também, em sendo partidos, não esquecer a sua origem nos movimentos, sem jamais pretender, enquanto partidos, virar os mentores desses movimentos sociais. Assim, ou esses partidos são capazes de fazer isso no processo histórico brasileiro, ou eles não "emplacam" — não sei se ainda se diz — o fim deste século.

SÉRGIO: Mesmo porque não é possível se implantar uma democracia, uma relação democrática, por exemplo, na área da educação, se o método que se utiliza é autoritário.

PAULO: Pois é, essa é uma das minhas brigas, a da exigência dessa coerência: como é que você pode trabalhar no esforço de mobilização e de organização das massas populares — sem as quais uma transformação social real não se dá

— para a libertação, usando procedimentos manipuladores, que são os da opressão? Isso não me entra na cabeça, sabes?

Os grupos e partidos políticos que fazem esse jogo matreiro, de cima para baixo, e transam por cima em lugar de transarem por baixo, acho que não têm duração muito longa, não.

O importante para mim, por outro lado, é a educação que está se dando aí no interior dos movimentos sociais, uma educação que a gente não está vendo nem pegando.

É exatamente essa a educação nova, que ainda não é reconhecida como tal, e que será sistematizada no momento em que a sociedade mudar. O que eu quero fazer aqui, num parêntesis, é a crítica de uma certa compreensão mecanicista da educação nova numa sociedade nova. Tem muita gente que pensa que a sociedade nova, pós-revolucionária, que, no fundo, é a sociedade que começa a se constituir quando o processo transformador chega ao poder... que essa sociedade nova amanhã é que vai gerar a educação nova.

Na verdade não é. O que acontece é que a sociedade nova que começa a se constituir — e a gente pode pensar nisso pela experiência da gente na África, não? — com um novo poder no poder vai exatamente sistematizar, re-fazer, orientar toda uma experiência educativa anterior, que se deu na intimidade dos movimentos populares em favor da libertação. Lá dentro é que essa educação começou a se gerar, como a educação burguesa se gerou antes que a burguesia chegasse ao poder, com a queda da aristocracia. Quer dizer: quando a burguesia alcançou o poder, a sua educação tinha sido feita antes já. Ela teve que ser apenas elaborada, teorizada, sistematizada...

SÉRGIO: Isso já é um outro diálogo, não?

PAULO: Pois é. Mas, de qualquer maneira, eu apenas deixaria para salientar a importância que dou, por exemplo, a uma compreensão crítica do que se está passando hoje na intimidade do corpo desses movimentos populares. Aí, muito da futura educação está-se dando hoje. Só que a gente não está sabendo, não está estudando, não está pesquisando, não está escrevendo dissertações de mestrado sobre isso. Está-se escrevendo sobre o que se disse, mas não sobre o que se está fazendo. Tu não concordas comigo, Sérgio? Ou será que eu é que estou doido?

SÉRGIO: Se concordo? Em gênero, número e grau.

NÚMERO ZERO

1. DOBRANDO UMA ESQUINA, SURPRESA AGRADÁVEL

SÉRGIO: Bom, Paulo: pelo visto já, como quem não quer nada, nós terminamos uma série de diálogos, não? Ou, pelo menos, um conjunto de diálogos que acabam formando uma unidade em si. Ora, depois de alguns, a gente tem feito uma parada para discutir a continuidade do caminho. Já fizemos duas, e essa hoje seria a terceira.

Esta conversa talvez pudesse ser chamada de número zero, sem ser um diálogo propriamente dito, porque eu acho que uma das condições para que o diálogo se desenvolva, inclusive, é que as pessoas estejam a fim. E eu não sei se você hoje está a fim de diálogo, o que é que você acha?

PAULO: Não, pode ser que, não estando, eu termine por estar. O próprio diálogo me engaja. Prossiga.

SÉRGIO: Eu tinha pensado um pouco nessa questão do diálogo porque já chegamos a conversar sobre a continuidade deles. Afinal de contas, a sensação que a gente tem é de que o trabalho ainda não terminou e há muito ainda o que ver, não? O que refletir, o que dialogar.

E, como nós até já tínhamos pensado, numa segunda parte, em conversar um pouco sobre a questão das técnicas, a ideia que me veio foi a de tentarmos conversar um pouco sobre o diálogo como técnica. Mas ao mesmo tempo eu me dou conta de que esse tipo de conversa é exatamente a conversa que você não quer ter hoje, não é? *(ri)*

PAULO: É, mas vê bem: não é por causa do objeto da conversa que eu não estaria muito disposto ao diálogo mais específico. Deve haver razões assim extras, um pouco mais de cansaço. Mas não é a recusa à reflexão em torno do tema. De qualquer maneira acho que a gente pode ensaiar.

SÉRGIO: Você não acha que, de certo modo, isso está ligado a um esforço de preparação do diálogo? Ou seja: não será uma condição sua em relação a um novo diálogo que vai começar? Porque será um novo diálogo, não?

PAULO: Claro. Ou um diálogo sobre um novo conteúdo.

SÉRGIO: Exato.

PAULO: Bem, com relação ao problema da preparação a que você se referiu aí, é interessante: eu tenho a impressão de que muita gente pensa que o diálogo se caracteriza por ser uma experiência imprevisível e, por isso mesmo, para a qual a gente não se prepara, não?

Eu diria que, em certo sentido, é verdade isso, mas não em todo o sentido do diálogo. No fundo, é o problema da conversa: você se prepara ou pode também não se preparar, é claro. Agora, você não pode se preparar para uma conversa, por exemplo, quando você, dobrando uma esquina de rua, tem a surpresa agradável de encontrar um amigo. Para um caso como esse, é evidente que não há possibilidade de previsão, de preparação. O outro, por sua vez, também não se prepara para isso.

Agora, o diálogo que a gente trava, por exemplo, com um grupo de estudantes é um diálogo para o qual a gente se prepara, mesmo que isso não signifique que a gente preveja o tipo de reação que os estudantes possam ter em face de algo que a gente diga, ou de algo que a gente não diga. De maneira que aí também a preparação seria impossível no sentido de seus pormenores. Mas a possibilidade de uma preparação se dá em torno do tema. O que não vale dizer, porém, que eu me possa preparar para prever que tipo de resposta tu vais dar a um tipo de análise que eu me proponho fazer em torno do tema. O que eu posso é prever como eu me comporto diante daquele tema em função da tua curiosidade.

Então, a preparação para o diálogo se faz muito mais em torno do que será o conteúdo do diálogo do que em torno das formas do diálogo, entendes?

2. EM TORNO DO DIÁLOGO: "ALGO QUE PERTENCE À PRÓPRIA NATUREZA DO ATO DE CONHECER."

PAULO: Era nesse sentido que me referi possivelmente a uma preparação em torno do tema "técnicas que possam ser usadas no diálogo".

SÉRGIO: Exato. Por isso fiz questão de caracterizar essa conversa como a de número zero. Porque ela não implica uma entrada direta no tema. Mas, a meu ver, mesmo sem entrar no tema, a gente talvez pudesse passar por ele de raspão, não é?

PAULO: Lógico!

SÉRGIO: Você, por exemplo, já estava dando alguns elementos úteis para se encarar o diálogo também como técnica, ou seja: ao escolher o diálogo como técnica de comunicação com determinadas pessoas, e ao privilegiar em certos momentos esse diálogo, eu estou tomando uma decisão que, além de política, implica também uma determinada técnica, não?

PAULO: Bem, eu me ponho diante dessa indagação em torno do diálogo muito mais como quem percebe o diálogo como algo que pertence à própria natureza do ato de conhecer, do que como algo que simplesmente possibilitasse ou ajudasse tecnicamente o conhecer.

Eu me ponho diante do diálogo como quem, pensando em torno do pensar, percebe que o pensar não se dá na solidão do sujeito pensante, porque, inclusive, o pensar se faz pensar na medida em que ele se faz comunicante.[20] E a dimensão comunicante do pensar demanda necessariamente o diálogo, sem o qual o pensar não é comunicante. Por isso mesmo é que, então, o pensar não acaba no pensante, mas se dá em torno de um objeto que mediatiza a extensão do primeiro pensante a um segundo pensante.

É exatamente essa mediação que faz o diálogo. No fundo, então, o diálogo sela o ato de conhecer e de comunicar-se. É a comunicação, já.

SÉRGIO: Sim, mas, Paulo, quando eu falei em técnica do diálogo, estava supondo por técnica o como acontece o ir e vir. Esse *como*, para mim, é que define uma técnica. A técnica aí não está sendo utilizada apenas no seu sentido de ferramenta.

PAULO: Sei.

SÉRGIO: É no tipo de relação que se estabelece entre dois sujeitos; a esse tipo de relação, tecnicamente, eu chamaria de diálogo.

PAULO: Hum, hum.

SÉRGIO: Chega por hoje, não?[21] Só espero que esse teu cansaço, à primeira vista passageiro, não venha a ser interpretado, quando isso virar livro, como uma forma qualquer de tristeza ou melancolia.

PAULO: Melancolia? Nem pense nisso.

---

[20] Ver, a este propósito, *Los principios de la ciencia*, de Eduardo Nicol. México: Fondo de Cultura Económica, 1985.

[21] Os diálogos continuam em *Sobre educação: diálogos II*. Paz e Terra, 1984. Para as edições de 2011, optou-se por trabalhar cada livro de forma independente. Dessa maneira, *Sobre educação: diálogos II* tornou-se *Educar com a mídia*. São Paulo: Paz e terra. 2011. (N.E.)

SEGUNDA PARTE

9

EDUCAR SEM IMPOR, COM AMOR E ARTE

1. A IDEIA DE SER PROFESSORA: "ESTAVA DENTRO DO MEU DOM."

SÉRGIO: Mãe, de onde é que apareceu essa ideia de ser professora? Já havia algum professor na família quando a senhora decidiu ser professora primária?[22]

ANTONIA: A minha irmã, América, já era professora quando eu estava estudando, fazendo o Ginásio — chamava-se assim antigamente. Ela já lecionava. E então, através da profissão que ela exercia, através dos assuntos que a gente conversava, eu também me decidi a exercer essa profissão que, para a mulher, naquela época, era a profissão preferida.

Não havia outra profissão para mulher que tivesse tanta procura. O cargo de professor era difícil de se conseguir. As Escolas Normais também funcionavam só em cidades grandes, era difícil. Era muito procurada a profissão de professor, porque não havia número grande de professores. Havia poucas vagas. E Botucatu era uma das cidades com Ginásio e Curso Normal — chamava-se na época — que

---

[22] Diálogo registrado em 11 de agosto de 2002 na cidade de São Vicente, estado de São Paulo, onde a professora Antonia Arantes Braga Guimarães passou a viver com o filho mais novo, João Bosco, por ter este sido nomeado diretor efetivo de uma escola fundamental estadual na região.

recebia alunos de toda a região da Alta Sorocabana, inclusive alunos de Presidente Prudente.

Então, foi por minha irmã ter sido professora, com uma diferença bem grande — acho que era de uns 16 anos a diferença da nossa idade. Quando eu estava no primeiro ano primário, a minha irmã já estava formada professora. De modo que eu segui mais ou menos aquela trilha. E gostei da profissão, achei que estava de acordo com as minhas possibilidades. Não era uma profissão que dependia de clientes. A gente precisava era ser aceita no magistério através de um pequeno concurso, então não havia tanta dificuldade. Foi por essa razão que eu escolhi: achei que, para mim, a profissão estava dentro do meu dom, da minha vontade, dos meus princípios também.

Na época não tínhamos outra escola, outra faculdade. A não ser em Botucatu, era só em São Paulo, muito distante. Então tornou-se mais fácil fazer em Botucatu mesmo o curso para ser professora primária. Não havia faculdade para o ensino superior, de modo que eu fiquei *(rindo)* sempre como professora primária, sem ter feito faculdade, o que era muito difícil na época.

2. De negativo na Escola antiga? "Não tínhamos aulas práticas."

Sérgio: Com relação a esse curso Normal que a senhora fez: quando a senhora o terminou e começou a experiência como professora primária, o que é que achou desse curso? Acha que o curso a preparou bem ou não? Quando depois passou para a prática, a coisa era muito diferente, muito mais difícil do que a senhora esperava?

Antonia: Muito diferente, não. Mas nós praticamente não tínhamos aulas práticas. Eram poucas as oportunidades, porque a classe era numerosa, e nós fazíamos estágio na própria escola. Ao lado da nossa Escola Normal, havia um Grupo Escolar que era constituído de classes para que os normalistas fizessem um estágio. Não houve muita dificuldade, não, porque os nossos professores colocaram para a gente bastante conhecimento de como seria a vida do professor, por onde devíamos começar. Então não foi totalmente no escuro.

Também, logo em seguida, eu fui para Santo Anastácio, onde havia falta de professores, e naquela época os diretores orientavam muito a gente em como se devia passar para as crianças aquele programa de ensino. De modo que não tive tanta dificuldade, não. Eu tinha a minha irmã como professora no mesmo Grupo Escolar, e nós conversávamos muito. As colegas daquela época também, nas reuniões, comentavam qual o método que nós devíamos usar, quais as diretrizes que a gente devia ter.

Com isso, não tive grande dificuldade, não, para o início na carreira. E como eu gostava do que fazia, achei que não era muito sacrifício. Quando a pessoa não está dentro da sua vocação, acha que o sacrifício é muito grande, e às vezes não está à altura de desempenhar. Mas como eu gostava, achei que a profissão estava de acordo com a minha vocação.

Sérgio: Olhando para a sua experiência de estudante, antes de ser professora: o que é que havia de negativo na escola antiga? Que críticas a senhora faria à escola do seu tempo de aluna?

Antonia: Quase não havia oportunidade para exercer a prática. Nós tínhamos aulas práticas, mas eram aulas assim rápidas. Não havia tempo para que a gente estivesse com as crianças mais horas de aulas práticas. Se houvesse mais tempo, talvez a gente tivesse colhido mais experiências. Quando saímos da Escola Normal e encaramos uma classe já de alunos, com mais horas, às vezes a gente ficava meio indecisa: "Será que eu estou preenchendo? Será que eu não estou ainda com falhas maiores?"

Por isso é que a gente sempre recorria aos diretores para saber por onde caminhar, porque aquelas horas práticas, aquelas aulas da Escola Normal eram muito poucas. Com classes numerosas, não tínhamos tempo: eram trinta minutos, vinte minutos de aula prática. De modo que era bem diferente do que você ficar com uma classe o dia todo, a semana toda, o mês todo. Então havia aquele receio de que a gente não ia dar conta. Mas dava sempre certo.

3. ALUNO DE ANTIGAMENTE: MAIS IMAGINAÇÃO. "PREPARO PARA A VIDA ELE QUASE NÃO TINHA."

SÉRGIO: Pelo que a senhora se lembra, nos seus primeiros tempos de professora, quais eram as maiores dificuldades que tinha, com relação aos alunos e com relação ao método? Ou isso já foi, logo de início, uma coisa relativamente fácil?

ANTONIA: Dificuldades a gente sempre encontra, mas não aquelas que constituem verdadeiros obstáculos. Mas há uma grande diferença da criança daquela época para a criança de agora. Para a criança daquela época, a escola era diferente da de hoje. Hoje a criança já tem tudo pronto, tudo feito. Pela televisão, pelo sistema de vida dos pais.

Antigamente, a criança via a escola de uma outra forma, porque ela criava mais. A criança de antigamente tinha a imaginação: a professora mandava o aluno fazer uma narração, uma história e, com a imaginação, ele criava mais. Hoje, como ela tem tudo pronto, a criança quase não cria, para ela está tudo feito.

A criança de antigamente via o professor também de uma maneira diferente. A palavra do professor antigo, para ela, era válida de uma forma que ela via no professor um ídolo. O professor não tinha defeitos. Se o professor falou alguma coisa, deu algum conselho, ela seguia religiosamente o que o professor dizia.

Hoje o aluno já tem tudo prontinho, tudo criado. Então o aluno não tem quase nem elementos para colocar a imaginação dele. Hoje é outro o sistema. Acho que o aluno de antigamente tinha mais poder de imaginação, porque era um mundo diferente dele. Hoje ele já tem elementos demais, e então já não vê a escola da mesma forma que o aluno da escola antiga.

Se bem que na escola antiga — é uma observação —, naquela época, nós colocávamos para o aluno muitos conhecimentos que o aluno não ia nem usar, às vezes, aqueles conhecimentos que ele recebia. Era muita coisa que colocávamos na cabeça dos alunos e que não era para a vida. O aluno saía cheio de informações, mas, para a vida mesmo, às vezes ele não recebia os conhecimentos necessários. Tinha muito conhecimento, só que preparo para a vida ele quase não tinha.

E ele ia recebendo de acordo com o que ele vivia. Se tivesse pais com uma boa maneira de colocar as coisas para o filho, tudo bem. Se não, ele era muito preparado, só que para a vida faltava muito para ele. Essa é outra diferença da escola de antigamente para a escola de hoje. Hoje parece

PARTIR DA INFÂNCIA | 169

que não se vai tanto naqueles conhecimentos, datas, muita coisa que se passava para o aluno e que, para ele, não tinha assim grande aproveitamento.

4. Escola antiga? Autoritária, sim. Castigos: "A senhora não bate?"

Sérgio: Uma das críticas que se faz à escola antiga é a de que era uma escola muito autoritária, onde o professor tinha uma posição muitas vezes rígida em relação aos alunos, muita disciplina. A senhora concorda com isso? Naquela época os professores tinham uma atitude autoritária ou não?

Antonia: Era. Um grande número era autoritário, sim, e achava que, às vezes, gritando, conseguia que o aluno obedecesse. O aluno tinha que assistir àquelas aulas sempre numa posição. E não podia estar conversando com o colega de trás, da frente ou do lado. Não digo todos os professores. Havia professores assim mais liberais, que deixavam o aluno mais à vontade, e então conseguiam do aluno a atenção.

Ficar sentado numa carteira uma hora, na mesma posição, não é fácil! Precisava que o professor passasse para os alunos uma aula mais agradável, porque eram aulas cansativas: muitos professores não levavam motivação, não levavam instrumentos. Era aquela aula cansativa, e o professor achava que se o aluno mudasse de posição já era uma indisciplina.

Mas havia professores diferentes. No meu tempo de magistério, eu nunca cheguei a mandar aluno para a diretoria porque não estivesse conseguindo uma aula atraente, uma aula boa. Castigo também, nunca coloquei nenhum castigo

Procurava na base do "você é meu amigo!", falando para a criança. "A senhora não bate?" "Não, não se bate em amigo. E aqui não tem inimigo. Se vocês são todos meus amigos, então..." Essa maneira de conduzir a criança é bem mais fácil do que gritar ou impor, ou chegar a um safanão, a algum castigo físico. Havia professores que castigavam. Você mesmo foi castigado uma vez! *(rindo)*

SÉRGIO: Que tipo de castigo físico, do que a senhora se lembra, era mais praticado na época?

ANTONIA: Era colocar o aluno atrás da porta, segurando livros nas mãos, três ou quatro livros grandes, naquela posição cansativa. Ou então que o aluno ficasse copiando muitas vezes a sentença "Eu não obedeci." Ou "Eu não fiz a lição direito."

Era uma forma de castigo também: muitos professores colocavam os alunos para fora da classe, o que não é o melhor recurso. Se o aluno dentro da classe não está se comportando, é porque alguma coisa não está interessando para ele. Se interessasse, ele não iria fazer barulho ou algum outro tipo de indisciplina. Indisciplina não é o aluno se mexer, se movimentar. Mas, para alguns professores, era. O aluno tinha que ficar olhando para o professor o tempo todo da aula, e não era permitido falar alguma coisa com o colega.

Aí veio — é o que se faz hoje — a maneira dos alunos sentados em círculo, participarem de grupos. Na época, uns dois ou três anos antes de me aposentar, eu ainda consegui colocar alguma novidade. Levava revistas para que os alunos lessem, e fui mudando alguma coisa, uma forma de movimentar um pouquinho, para não deixar a aula muito cansativa. Mas eu era criticada pelas outras professoras, que achavam que isso era indisciplina! Ora, minha classe era perto da diretoria, bem em frente, e nunca fui advertida pela diretora. Era uma bagunça organizada! *(rindo)* Havia assim uma forma de que o aluno participasse da aula.

5. "Com carinho, com amor, a gente conseguia muito mais!"

Sérgio: O que é que a senhora fazia?

Antonia: Ah, no início da aula os alunos traziam notícias de jornais ou de revistas. Ou falavam, contavam alguma coisa que tinham visto na vila, no bairro. Era uma forma semelhante a um repórter de televisão. Então eles se sentiam — era o horário da manhã — o repórter da manhã. Ou eles tinham que trazer alguma coisa referente ao bairro, algum acontecimento, ou que eles mesmos contassem o que é que fizeram durante o dia anterior. E aí eles queriam participar, queriam ficar sabendo o que o colega está contando, o que aconteceu com ele.

Eu fazia as aulas de leitura de uma forma diferente. O aluno ficar só olhando aquele livro de leitura, acompanhando, seguido, o aluno da frente, o aluno de trás! Não era assim: eram grupos de quatro ou cinco alunos, em que a classe estava dividida, e cada grupo ia ler em voz alta. Uma forma diferente de leitura, porque a leitura no livro, aluno por aluno, no final acaba sendo cansativa e a atenção deles se distrai mesmo. "Vamos dizer qual grupo leu melhor, qual grupo falhou neste parágrafo..." Tinham que descobrir alguma coisa relativa à leitura, mas não aquela leitura cansativa. Então tínhamos que procurar alguma coisa diferente para conseguir que eles não se distraíssem.

"O que você entendeu desse texto?" Ou: "Será que é isso? Quem entendeu melhor?"

Colocávamos às vezes os nomes, nos grupos, de times de futebol. Tínhamos que fazer coisas assim para que eles achassem bom, gostassem. O professor tem que usar também muito da sua criatividade, para conseguir que a criança goste da aula. Se a criança não gostar do professor, ela acha um sacrifício ficar na classe. Então, em São Paulo, no Rio Pequeno[23], que foi a última escola onde lecionei, eu não tive dificuldade nenhuma, porque no bairro eu era muito conhecida. Morava no bairro e os alunos gostavam de ir para a minha classe porque eu sempre tratava com mais carinho. Eu achava que com carinho, com amor, a gente conseguia muito mais do que impondo.

Outra coisa: "Este aluno hoje vai ser encarregado de fazer este trabalho. O outro vai ser colocado de distribuir os cadernos." Dar tarefas para eles, ocupar os alunos. Não é tão difícil, assim, não.

6. Lecionar para todas as séries. "E a gente não podia dizer: 'Eu gosto mais de matemática.'"

Sérgio: A senhora tinha alguma preferência em relação às séries?

Antonia: Não, não. Lecionei para todas as séries. Alfabetização na primeira, que a primeira série é de alfabetização. A segunda é a continuação. Na terceira, o aluno já está bem mais avançado, está se conduzindo quase sozinho. E

---

[23] Bairro da periferia oeste da cidade de São Paulo onde, durante os anos 1960, minha mãe lecionou. O mesmo em que, na década seguinte, eu daria aulas também, como professor do ensino fundamental.

na quarta série, então era uma maneira de a gente conseguir do aluno ajudar os próprios colegas que eram mais fracos, menos avançados.

O colega falava "Ele é burro!" *(rindo)* E eu: "Não, não é que ele é burro, ele é um pouco lerdo." Então um ajudava o outro: "Você vai procurar no livro de leitura e vai ajudar o seu colega. Você vai perguntar para ele quais os adjetivos, quais os substantivos." Ou seja, colocando para ele alguma responsabilidade, que o colega está precisando dele, da ajuda dele. É uma forma de se conseguir da criança: dando para o aluno alguma tarefa de que ele vai se sentir orgulhoso de estar fazendo. "Consegui isto, consegui aquilo!" É muito bom.

SÉRGIO: Alguma preferência em relação às matérias? Da minha experiência no magistério primário, no meu tempo, lá no Rio Pequeno mesmo: havia professoras, por exemplo, que gostavam mais da matemática, e então davam mais matemática e deixavam para trás a língua portuguesa. Ou professores que gostavam mais de história e deixavam outras matérias, como a matemática, para trás. Como é que a senhora via essa questão?

ANTONIA: A gente não podia dizer: "Eu gosto mais de matemática." Hoje não há mais exames, não há mais provas como naquela época, não há mais aquelas provas de seleção: "O aluno não pode passar, o aluno não está alfabetizado." Nós, os professores, tínhamos que cumprir o programa. Por exemplo, o programa de português — aliás, não era bem português, era língua pátria, ou linguagem — tinha que ser cumprido. De modo que chegava a prova — havia provas mensais — e então, na ocasião, a diretora colocava o professor em outra classe. O professor da classe não ficava, no dia da prova, na própria classe, e aí o aluno fazia prova de língua pátria, de matemática, de conhecimentos gerais, de ciências...

Nós tínhamos que cumprir o programa de ensino. Não era eu gostar mais de matemática e estudar mais matemática, não. Todas as matérias tinham que ser observadas, nós tínhamos que cumprir. Tínhamos que fazer planos de aula. Era muito diferente de hoje. Exame de leitura, havia até exame de leitura! Então tinha-se que dar à leitura importância também. E o programa era muito extenso, os alunos aprendiam muito: história, geografia, jogava-se muito material para o aluno.

A gente tinha que descobrir uma forma — na aula de história, por exemplo — de como conseguir do aluno gostar. "Ih, professora, é tão comprido este ponto aqui de Tiradentes, a Inconfidência Mineira!" Então, com aquele papel de metro, nós fazíamos aquela sanfona com cada parte. Descobrimento do Brasil era primeiro. E tudo o que eles conseguissem na pesquisa — se eles encontrassem em casa, ou se a gente conseguisse de uma maneira mais fácil — era colocar ali, e eles mesmo faziam: iam dobrando, até chegar na aula, e abriam, então. Cada ponto de história — por exemplo, a guerra do Paraguai — tudo era colocado ali. Era uma maneira de prender a atenção deles, porque se eu fosse ficar falando ou escrevendo na lousa o ponto, iria ser uma aula que só cansaria o aluno e, no fim, a atenção dele iria ser desviada.

E olha que nós não tínhamos material! Tínhamos que comprar, porque não havia material na escola. Livros não havia. Hoje os alunos recebem livros, não é? Acho que está havendo assim, por parte da Educação, parece que uma melhor assistência. No meu tempo, o professor tinha que comprar material para poder lecionar. Tínhamos que procurar, de uma forma ou de outra, aqueles atlas grandes. O material tinha que ser procurado, porque só falar, falar, falar, falar, até a gente também achava que estava cansada *(riem)*, e o resultado não era aquele que a gente queria. Então tínhamos que ter alguma coisa material, concreta, para o aluno. Porque falar: "O que é um monte? Um monte é uma elevação de terra.", aí o aluno vê cupim no pasto e fala: "Isso aqui é um monte!", porque é uma elevação de terra. Se a gente levar uma gravura, levar para ele uma maneira de ele ver o que é um monte, ele não se esquece mais, porque ele viu, não é? Só falar, falar, ele acaba se esquecendo.

Mas a gente não podia ficar presa a uma matéria só porque gostava mais. Tinha que colocar, gostando ou não da matemática. Hoje é matemática moderna, parece que já passou a ser ensinada de outra forma, com quadradinhos. Na época, havia muito raciocínio. O aluno de antigamente raciocinava bastante. Havia aquele cálculo mental. A maneira de ele memorizar a tabuada, era o cálculo mental. Então, como professora, a gente tinha que procurar muitas formas de conseguir do aluno. Os que foram meus alunos se lembram. E no segundo, terceiro, quarto ano, os alunos queriam seguir comigo, porque eu levava o programa, a matéria, de uma forma que eles gostassem e resolvessem da melhor maneira.

Realmente, há alunos que são ótimos em português, na linguagem, e na matemática eles tropeçam mais, ou mesmo na geografia. Naquela época, por exemplo, em geografia se exigia muita coisa que, na vida prática, o que é que ia resolver para eles? Parece que andaram mudando um pouquinho. Não sei como, porque eu estou muito alheia, por fora da escola. Mas, parece que os alunos hoje gostam da escola, não vão obrigados, não é? Porque uma criança de sete anos, antigamente, ia chorando para a escola. *(ri)* Hoje tem o prezinho, pré 1, pré 2, pré 3, em que o aluno já se acostuma com a escola.[24] Quando ele vai para o primário, primeira série, então, ele já está dentro da escola. Para ele já não é novidade, ele vai contente.

7. "Será por causa do salário? Mas o aluno não tem culpa!"

SÉRGIO: E quando se compara o que era o professor, o valor que se dava ao professor na época, e o que a senhora vê hoje, qual é o balanço que a senhora faz? Acha que houve uma evolução positiva ou, pelo contrário, o valor que se dá hoje ao professor ainda é menor do que o que se dava antes?

ANTONIA: Ah, é menor, menor! Até pelos alunos a gente percebia. O aluno seguia à risca o que o professor falava. O professor falava, era lei! A mãe podia falar, mas, não, o professor é que era o certo, o que tinha razão.

Hoje o professor está assim desvalorizado, não sei por que motivo: será por causa do salário? Porque o salário não corresponde, porque os professores recebem uma quantia menor do que antigamente? Houve mesmo uma queda de salário: no início da minha carreira, no salário de um professor não havia muita diferença com o salário de um juiz. Não havia muita diferença, não.

---

[24] Como dito anteriormente, diálogo registrado em 2002. Hoje as denominações são diferentes. (N.E.)

Por outro lado, muitos professores que estão hoje dentro do magistério não é também pela vocação. Estão pelo dinheiro. Vão à procura da profissão para ganhar. Se houvesse um teste psicológico para o professor, acho que muita gente já seria excluída. Porque, para ser professor, tem que ter muito desprendimento, muito! E a maioria dos professores carrega, às vezes, aquela revolta, porque ganha pouco, porque não está sendo correspondido. Mas o aluno não tem culpa! Se nós não gostamos da profissão, deixemos então aquela e vamos partir para outra, porque cabe ao professor formar personalidades. E se o professor caminhar de uma forma negativa, em vez de formar, ele destrói a personalidade do aluno.

Eu observava, no Rio Pequeno, a minha maneira de vestir, a minha maneira de me pentear. Os alunos observam e tiram como exemplo. "O meu professor, a minha professora anda assim." "A senhora não se pinta?" "A senhora não usa esmalte?" Eles observam muito o procedimento do professor. O professor não percebe que está influenciando de uma forma que a criança aprova ou não. Às vezes, em relação ao comportamento do professor, a criança é contrária àquilo. Aí, sem querer, o professor passa uma imagem que não é aquela que devia.

Aí houve uma mudança, sim. Os alunos de antigamente — não todos, não vamos generalizar, mas a maioria — acreditavam muito no professor. E o professor tinha assim um poder de cobrar do aluno. Nesse sentido, acho que diminuiu um pouco a credibilidade da criança. Por exemplo, pela disciplina: dizem que os alunos de hoje não respeitam os professores. Mas, em parte, não é todo aluno que é culpado, não.

8. Entre o professor e o idoso "cricri": "A maneira de tratar é que conta!"

ANTONIA: Por comparação, eu vejo isso pelos grupos da terceira idade: eu percebo que muitos idosos dizem que as crianças e os jovens não gostam do idoso. Não é bem assim. A criança não gosta do idoso cricri, chato, impertinente, que só critica, que só vê defeito na criança. O idoso tem que ser agradável, tem que notar as qualidades, o que o neto ou outra criança tem de qualidade, e não só achar defeito, querer que faça aquilo que o idoso acha que deve fazer. Não dá! Tem que dar também um voto de confiança para a criança, achar que ela está certa e, de uma maneira disfarçada, procurar mudar. "Ah, porque ela não gosta!..."

Naturalmente, é a maneira de tratar. Às vezes o idoso, em vez de se aproximar, repele a criança. O idoso fala "Ah, o jovem não gosta..." Eu não sei se o jovem não gosta. Eu acho que a gente é que tratou a criança ou o jovem de uma forma que não agradou o jovem, e então ele tem aquela reação, claro! Há idosos que não conseguem se aproximar das crianças, não é? Então, depende muito de cada um. Eu, pelo menos, não encontro problema.

Eu estava entrando no supermercado anteontem, e a moça me deu um café. Aí chegou uma outra e falou: "Sabe, a minha mãe tem 72 anos. Ai, ela foi comigo aí num lugar, e um fulano lá falou 'Oi, vó!' E ela disse 'Vó, não senhor! Eu não sou sua avó!' *(riem)* A minha mãe não gosta que chamem de vó. Ele chamou 'vó' de uma forma carinhosa, e ela foi logo com o dedo no nariz."

Eu já não ligo. Me chamam de tia, me chamam de vó, eu vou ficar brava por isso? Pois eu não sou avó? Sou! Então, é a maneira da pessoa — idoso ou professor — tratar o jovem, a criança que conta. Dependendo, é claro que aí vem o rebate!

9. Aos jovens: gostar da profissão, tratar sempre a criança com amor

SÉRGIO: Agora, mãe, depois de todos esses anos de experiência acumulada, de magistério e de vida, que recomendações a senhora faria para esses jovens que estão entrando agora para o magistério? Claro, a vida continua, todo dia nascem milhares de novas crianças, e essas crianças irão para as escolas. Portanto, vai haver uma renovação do quadro de professores, apesar de todos esses problemas. Que recomendações a senhora faria, que conselhos daria a esses novos professores? A partir da experiência que teve, o que é que a senhora diria a essas novas gerações, em relação ao trabalho de professor?

ANTONIA: Em primeiro lugar, gostar da profissão. Gostar. Se não gostar da profissão, o professor não deve continuar. Então, procure outra profissão. Gostando, encara a profissão de uma forma diferente. Segundo: tratar sempre a criança com bastante merecimento, amor, carinho. É muito importante: o professor consegue o amor do aluno, o carinho do aluno, a amizade, sendo amigo do aluno. Aí ele terá também um grande amigo, e a criança passa a ver o professor de uma forma diferente. Não se impõe, não se exige. É o aluno que vê no professor alguém em quem ele possa confiar, porque o aluno muitas vezes não tem a companhia do pai, da mãe.

Pela vida agitada, a vida de necessidades de hoje, os pais têm pouco contato, pouco tempo com os filhos. Então, o professor é encarregado da educação, porque não é só ensinar, mas também educar a criança. Sem educação, o país não caminha. A educação em primeiro lugar. E a educação só conseguimos da criança se nós soubermos passar os conhecimentos. Aí teremos um país maravilhoso, porque um país educado é um país forte, um país com pessoas de valor.

Temos que passar para a criança tudo de bom, sempre o melhor. Que ela veja na professora uma segunda mãe. Para a criança, a professora é uma segunda mãe, o professor é um segundo pai. Ela nunca mais se esquecerá do professor, sempre terá lembranças boas.

Não agir com brutalidade para com a criança. Sempre com amor, com carinho, e levando a criança sempre para o lado melhor. Achando que ela é capaz, e que ela resolve os maiores problemas que aparecerem.

10. Reencarnar? "Como professora. Voltaria à criança, ao primário."

Sérgio: Se a senhora tivesse que passar por uma experiência, digamos, de reencarnação e tivesse que voltar de novo na terra...

Antonia: Ah, sem dúvida!

Sérgio: ...que profissão a senhora escolheria?

Antonia: Sem dúvida a mesma: professora novamente, eu achei que passou muito rápido! *(rindo)*

Sérgio: Quantos anos foram?

Antonia: Trinta e um anos como professora. E seria professora muitas vezes mais!

Sérgio: Para que nível de ensino a senhora iria?

Antonia: Voltaria à criança, ao primário.

Sérgio: E por que o primário?

Antonia: Porque é uma fase em que é como se pegássemos uma massa sem forma, e então a gente moldaria a forma para aquela massa. E com a criança nós aprendemos muito também. Eu aprendia muito com as crianças. Então, eu voltaria a ser professora primária, porque o primário é aquela alegria, aquele prazer de ver a criança, que nem sabia segurar no lápis, acabar alfabetizada, lendo livro, escrevendo. É uma alegria que não dá nem para a gente passar para outros, o que nós sentimos quando alfabetizamos, quando nós conseguimos que a criança enxergue. Quando ela vem, não está enxergando nada, porque o analfabeto não enxerga.

O professor primário é responsável. Se ele souber colocar bem a criança no seu caminho certo, ela só terá prazer, e o professor só terá prazer de ver o seu aluno. Muitas vezes eu encontro adultos que foram meus alunos e que hoje são homens de responsabilidade ou donas de casa ou com outra profissão, e que se lembram com saudade do tempo de escola.

O primário — principalmente a alfabetização — é muito importante. Quando passamos para a criança tudo o que ela desejava, ansiosa de conhecer, de saber, é uma grande alegria para o professor. É gratificante. E o aluno do primário, da primeira à quarta série, é muito apegado ao professor. Já depois dos seus nove, dez, onze anos, não há mais aquela aproximação, porque ele já vai ter outros professores que vão passar pela vida dele, e ele já vai se distanciando mais.

Enfim, eu fui muito feliz na minha profissão. Agradeço a Deus a profissão que escolhi. Foi muito boa, maravilhosa, e me lembro até com saudades.

SÉRGIO: Aliás, não foi só a senhora, não é?, porque acabou influenciando também os filhos. *(riem)* Pelo menos dois.

ANTONIA: *(rindo)* Pois é!

10
"QUE RAIO DE EDUCAÇÃO É ESSA?"

1. MARCAS DA INFÂNCIA: O APRENDIZADO DA ESCUTA E "A VOZ DE ACALANTO DELE"

SÉRGIO: Fátima, você quer começar por onde? Eu vou começar pelo café.[25]

FÁTIMA: *(rindo)* Então põe açúcar, que está sem. Eu estava achando interessante que, enquanto você estava lendo aquele trecho em que ele estava trazendo a marca da aprendizagem dele, do processo de alfabetização dele, na infância, com o pai e com a mãe dele, e o quanto isso marcou ele enquanto criança — e ele traz a marca disso pro atual. Enquanto adulto, ele me remeteu para as marcas dele no meu próprio corpo, eu criança e trazendo também o dia de hoje, enquanto mulher adulta, na minha vida, no meu dia a dia, sobretudo enquanto educadora. As marcas que ele, enquanto meu pai, deixou no meu corpo quando eu era criança.

SÉRGIO: Só para situar: você já entrou direto falando dele. Nós estamos falando é do Paulo Freire e do fato de que eu comecei a nossa conversa lendo para você uma folha do primeiro capítulo do primeiro livro que nós fizemos

---

[25] Diálogo registrado na casa de Fátima, na cidade de São Paulo, bairro do Sumaré, aos 29 de julho de 2003.

juntos — este *Partir da infância: diálogos sobre educação*. Esse capítulo é também "Partir da infância", e é justamente esse livro que estou querendo reeditar agora. E é nessa reedição — revista e ampliada — que eu achei que seria uma excelente ideia contar com a sua participação.

FÁTIMA: Naquele então, a ideia que vocês dois tiveram — não sei se foi mais dele ou tua, enfim, vocês dois juntos — de partir da infância para um tipo de livro desse, é interessante, porque eu acho que grande parte do que a pessoa é e vem sendo, sobretudo quando chega à fase adulta, tem marcas da infância que são fundamentais. Tu as carregas no corpo eternamente.

Foi interessante porque eu me lembrei do que eu venho me perguntando, e sempre me pergunto, constantemente: de onde é que vem, no dia de hoje, na minha atuação enquanto educadora, a importância que eu dou para o ato da escuta do outro, quando eu estou a formar os professores, quando eu estou em contato com os educadores? E aí eu fui indo, fui indo, voltando atrás no tempo e no espaço, e me vieram assim imagens fantásticas da minha infância, na relação tanto com o meu pai quanto com a minha mãe, de aprendizado da escuta!

E foi um aprendizado altamente encharcado de afetividade, evidentemente, porque era através das canções dele, de ninar. Ele cantava para nós dormirmos. O aprendizado de escutar, para mim, vem muito relacionado com a voz de acalanto dele, e com a música, com a musicalidade.

É interessante porque foi daí que a escuta passou a ser uma coisa fundamental na minha vida. E hoje, quando estou formando professores, eu dou uma importância assim à escuta como muito, muito fundamental, e o quanto está vinculada a escuta com a fala. Quer dizer: o quanto o ato de falar vai junto com o ato de aprender a escutar.

Essas coisas voltam, e todo o teu percurso da infância, de uma forma ou de outra — apesar de que você vai transformando e recriando — é o que te dá o norte. Nos teus gostos, na tua escolha, no por que é que você vai por este ou por outro caminho.

2. Cheiros, bolas de gude, bolsa da mãe: "uma belíssima aula de matemática!"

Sérgio: Certo. Mas esse norte, no caso da tua infância, quando você recua do ponto de vista da memória, você chega até que imagem? Chega onde? Onde é que é essa geografia, onde é que fica essa história? Quando você se vê como gente pequena, com o Paulo e com a Elza, você se vê onde, em que circunstâncias?

Fátima: Eu me vejo assim: o pai sempre foi muito estudioso, sempre estudava, fechado na biblioteca dele, enfim, mas nitidamente tinha uma certa presença. Mas a presença forte mesmo era a da minha mãe. Muito, muito forte. E é no Recife, claro, no quintal também da casa da gente.

São imagens de infância que, quando me vêm, vêm assim totalmente carregadas de cheiros muito fortes de mar, de sargaços, de cheiros de mangue. Com cores muito fortes, que me marcaram enormemente também. E vem muito das fugidas que eu dava para o riacho, para pescar, para pegar passarinho. Quer dizer: imagens de uma infância muito bonita, muito feliz, que foi a infância que eu tive no Recife.

Sérgio: E você fazia tudo isso sozinha? Ou tinha alguma companhia?

FÁTIMA: Não, oxente! Tinha todos os meninos da rua. Eu fui uma grande jogadora de bolas de gude, ganhava todas as bolas de gude da rua, dos meninos. Eu tinha uma lata enorme, cheia de bolas de gude. Eu brinquei muito!

Eu ando me perguntando, por exemplo, como é que a curiosidade entrou na minha vida. Normalmente toda criança é curiosa, não é? Agora, é óbvio que, dependendo da forma como você é encaminhada, a tua curiosidade diminui ou aumenta. Então, nesse sentido, eu acho que fui altamente privilegiada pelo estímulo mesmo que tive com a vivência com os dois, tanto com o pai como com a mãe. E uma coisa até que eu escrevi num texto aí antes: o quanto eu adorava remexer na bolsa da minha mãe. É uma imagem muito bonita, e eu dizia que aprendi muito cedo a classificar, porque eu aprendi a classificar os objetos que ela trazia dentro da bolsa dela.

É uma coisa assim fantástica, porque em vez de ter a curiosidade podada, eu fui educada na minha curiosidade. Ela me dirigiu na minha curiosidade: ao mesmo tempo em que eu mexia na bolsa dela, eu aprendia a ver que eram objetos diferentes, qual era a cor dos objetos, que tipos de objeto eram, para que serviam. Uma belíssima aula de matemática, carregada de afetividade!

SÉRGIO: Isso mais ou menos com que idade?

FÁTIMA: Eu devia ter uns quatro e meio, cinco, por aí.

3. REPRESSÃO? "EU FUI A ÚNICA FILHA QUE LEVOU PALMADA. PRECISOU."

SÉRGIO: A repressão, para você, chega quando? E chega a partir de onde, a partir da escola?

FÁTIMA: Não, não, já veio de dentro de casa. De todos os filhos, eu fui a que mais foi chamada a atenção. Tinha os castigos. O pai conversava com a gente e punha a gente de castigo e tudo. Mas eu era muito danada, era muito rebelde. *(rindo)* E eu dei muito trabalho para eles, porque eu não parava quieta. Era muito perguntadora, muito irrequieta. Inventava, fugia de casa, e fazia milhões, aprontava milhões! E então tinha os limites, que eram postos já dentro de casa.

Tiveram que me mandar para a escola. Eu fui para a pré-escola no Recife, naquela época, muito cedo: eu tinha só três anos! Naquela época ninguém ia, mas tiveram que me mandar, porque já não dava mais, eu perturbava enormemente! *(rindo)*

SÉRGIO: Você era hiperativa.

FÁTIMA: Era, eu me remexia muito.

SÉRGIO: Você se lembra de cenas em que tivesse havido perda de paciência da parte de um deles, da tua mãe ou do teu pai?

FÁTIMA: Da minha mãe. Eu fui a única filha que levou palmada. A única! Precisou.

SÉRGIO: Palmada aonde?

FÁTIMA: Na bundinha! *(caem na gargalhada)* A única! Nenhuma outra precisou, só eu!

SÉRGIO: O Velho não batia?

FÁTIMA: Não. Na verdade, nenhum dos dois batia. Mas eu devia ter tirado ela realmente do sério.

4. ESCOLA, BRINCADEIRAS DE RUA, FUTEBOL. "A RUPTURA FOI MESMO A DA ADOLESCÊNCIA."

SÉRGIO: A presença da escola para você significou o quê? Foi alguma coisa muito diferente na tua vida ou foi apenas a continuidade daquilo que você já tinha?

FÁTIMA: Não, foi importante para mim, porque eu fui muito cedo. E era uma escola muito especial, porque, apesar de naquela época a pré-escola não existir no Recife, era mais assim uma escola de arte, da dona Raquel. Era uma casa onde você ficava lá determinadas horas, e tinha tanque de areia para brincar, massinha para modelar, para pintar. Aquilo me fazia muito bem, porque eu gostava de fazer coisas, e aquilo me ajudou enormemente. Foi muito rico.

Agora, do que eu gostava mesmo era das brincadeiras de rua. Eu adorava, eu vivia na rua e gostava muito! O que não deixou de ser uma escola também, e muito boa, porque naquela época você podia estar na rua, e tinha as brincadeiras e as horas e tudo para ir. Eu adorava jogar futebol, era uma belíssima jogadora de futebol. *(ri)*

SÉRGIO: Fátima, e onde é que acontece o corte nesse pretérito imperfeito aí? Porque há um determinado momento em que essa situação acaba, muda. O que é que significou para você essa ruptura aí?

FÁTIMA: Para mim, o que significou a ruptura acho que foi já, antes de sair do Brasil, e mesmo antes de sair do Recife e ir para o Rio. Acho que a ruptura vem mesmo na adolescência. A mudança vem aí quando você percebe que já não dá, que não é tudo tão brincadeira na vida, que tem outras exigências e outros compromissos também. Então a coisa vai mudando. Vêm os primeiros namorados, e aí já tem outra conotação. Acho que a ruptura foi mesmo a da adolescência.

5. OPÇÃO PELA ESCOLA PÚBLICA E "A ALEGRIA DOS OLHOS DELA"

SÉRGIO: Antes dessa ruptura: nesse teu contato com a escola, qual é a percepção que te resta dessa escola primária, sobretudo a que você frequentou? Já era uma escola com professores voltados para os alunos? Ou havia ainda aquela escola de tipo autoritário, mais preocupada com a transmissão de conteúdos prontos? Qual foi a tua experiência como aluna?

FÁTIMA: Eu sempre gostei de estudar. A minha escola primária foi em escola pública no Recife. Era uma opção mesmo do pai e da mãe. Nós só fomos para uma escola particular, de freiras, quando fomos para o ginásio — na época, chamava-se ginásio. Toda a escola primária eu estudei com os meninos.

Tinha vivências muito interessantes, porque eu convivia, ao mesmo tempo, com as minhas amigas de sala, que moravam no "Poço da Panela", na beira do rio, na favela. Era um bairro muito popular, com casas muito pobres. Essas eram as minhas amigas, e ao mesmo tempo, eu tinha minhas amigas também da minha classe social. Quer dizer: a partir dos meus dez anos, e até a adolescência, eu convivia com os dois mundos. Eu frequentava tanto as festas de um lado quanto as festas de outro.

Eu me lembro que uma das coisas que me deram a maior alegria de poder fazer foi com a Estela, uma grande amiga que morava no "Poço da Panela", muito pobre, e que nunca tinha visto o mar. Foi de levá-la para a praia, e que ela visse o mar. A alegria nos olhos dela é uma coisa que eu nunca me esqueço na minha vida! A alegria que ela teve quando ela viu aquela imensidade de água pela primeira vez! Imagine isto, no Recife, onde a gente tem o mar perto. Mesmo assim, ela não tinha condições de ir.

SÉRGIO: E não tinha ocorrido a nenhum professor dessa escola, na época, a ideia de se recorrer a um estudo do meio, não?

Fátima: Imagine! Isso não existia, não.

Sérgio: Essa convivência com diferentes classes sociais te ensinou o quê?

Fátima: Me ensinou coisas assim fantásticas em relação a como lidar com gente, e de ver que gente é gente, independente das suas posses, independente da classe social a que você pertence. O dia de hoje é interessante porque eu sou capaz, eu consigo estar à vontade de circular nas duas classes sociais sem nenhum problema, e me sentindo bem nas duas. Sabe quando você não precisa ter artifícios para entrar em contato com uma pessoa só porque ela é de origem humilde?

Eu não sei até que ponto estava claro para os meus pais, naquele então, mas a forma que eu traduzo hoje o que eu vivi lá é como se já naquela época eu tivesse tido o privilégio de ser orientada e de ter sido estimulada para desenvolver o que a gente chama hoje de inteligência social. O nível de contato, de compreensão, de leitura e de mobilidade de corpo que eu consigo ter no dia de hoje, enquanto adulta, eu remeto lá para trás, graças a esse tipo de experiência que eu tive.

E o que eu acho interessantíssimo é que eu repito, de certa forma, o mesmo com os meus filhos hoje. Os grandes amigos deles são caiçaras do litoral, que frequentam a minha casa. Da mesma forma como eu lá para trás, eles circulam também, de forma muito natural e muito à vontade, nos dois mundos. Eu acho, Sérgio, que isso te dá uma experiência humana, de contacto com gente mesmo, e portanto te faz ser mais gente.

6. Almoçando com o Bernardo e com a Zezé. E "um besouro de ouro na minha gravatinha"

Sérgio: Aliás, já mudando completamente agora o zigue-
-zague da memória: quando eu ia à casa onde o Paulo e a
dona Elza moravam, ocasião em que foi feito esse primeiro livrinho, a gente almoçava normalmente juntos. Ele me
convidava sempre para almoçar e depois nós trabalhávamos
à tarde. Uma das coisas que me chamavam a atenção é que
ele fazia questão de ter sempre à mesa o Bernardo, moto-
rista, e a Zenaide — Zezé — que era a empregada da casa.

Isso me chamou a atenção porque não havia ali no momento televisão, não havia rádio, não havia ninguém de
fora, e ele poderia perfeitamente ter — como muitos têm —
uma visão pública de atenção para com as diferentes classes
sociais, e não necessariamente ter essa convivência no dia a
dia. Mas ele tinha. E aí eu me pergunto até que ponto essa
tua convivência fácil com as diferentes classes sociais já não
vem também um pouco de casa também. Porque tem muita gente que tem essa possibilidade geográfica de conviver,
e não convive.

Fátima: Claro! Eu acho que é a forma de estar no mundo mesmo. Acho que vem de casa, vem da educação. E veio
daí mesmo, não me resta dúvida. Foi sempre muito forte. Por
exemplo, você quer ver? A minha mãe, nesse sentido, era de
uma sensibilidade que nem digo, era uma grande educadora. Eu me lembro que, já desde aquela época de menina pequena, eu gostava de me arrumar, de me enfeitar. Nunca me
esqueço: no uniforme tinha uma gravatinha azul, que você
pendurava assim na blusinha branca. E a minha avó materna
me dava uns broches de ouro, uns besourinhos, uns broches

Partir da infância | 191

lindos! Eu era apaixonada por aqueles broches, e é óbvio que eu gostava de usar os broches. E eu dava que dava que queria pôr um brochezinho, um besouro de ouro. Já imaginou eu indo com um besouro de ouro na minha gravatinha *(caem na risada)* para uma escola pública?

E o trabalho belíssimo, a paciência da minha mãe! Cada vez que eu pegava lá o meu broche de ouro e punha na minha gravatinha toda bonitinha, para ir para a escola, ela me deixava pôr e aí ela me chamava: "Maria de Fátima!" E eu: "O quê, mãezinha?" E então ela conversava. A paciência que ela tinha para conversar comigo de uma forma que não "batia de frente", mas tentando me fazer entender que era inadequado. Quer dizer, que eu poderia usar aquele broche em outra ocasião, mas que a escola não era um lugar adequado para eu ir com o broche, sobretudo a escola que eu frequentava.

Então foi um aprendizado social muito interessante para mim, o de entender e de, ao mesmo tempo, aprender a ser delicado com o outro, e de não precisar ostentar. Porque, quando você é pequena, você não tem muito a noção, você pode ostentar sem querer estar ostentando a posse. Foram experiências muito bonitas que eu tive com a minha mãe: na verdade, o que ela estava fazendo era me ensinando — de uma forma muito bonita e muito tranquila — como lidar com aqueles dois mundos no qual eu estava. Fazendo com que eu enxergasse mesmo que aquele não era o meu mundo de origem, mas que eu podia conviver com ele de uma forma que eu não ofendesse o outro. Então, não deixa de ser um puto de um aprendizado de perceber o outro e, portanto, de me perceber.

7. O lanche gostoso e a fuga da amiga: "O pai dela tinha abusado dela."

Fátima: Esse foi um dos aprendizados ricos que eu tirei dessa experiência. O outro foi o de me saber privilegiada, no sentido de entender, e aí é complicado para a criatura pequena, porque ao mesmo tempo você também entra em conflito. Entra em conflito com o que você tem, com a sua própria posse, com o fato de você ter e o outro não ter. "Por que é que ela não tem?"

Por exemplo, eu levava o meu lanche, a mãe me aprontava o lanche, tudo bonitinho. E era lanche gostoso, óbvio! Nunca me esqueço dessas coisas, Sérgio, que marcam mesmo a tua vida. Eram ainda — por isso é que eu adoro aqueles bancos até hoje — sabe esses bancos inteiros, em que se sentam duas juntas? Aqueles bancos assim compridos?

Sérgio: Sei. Na Guiné-Bissau ainda se faz essas carteiras. Sentam dois, sentam três, até quatro, cinco!

Fátima: Isso! Na minha escola, era de dois. Bom, chegava a hora do lanche, eu tirava o meu apetitoso lanche, punha em cima da minha parte da mesa, e os olhos da minha parceira de banco só faltavam cair em cima do meu lanche! Então foi um processo muito gostoso de aprender a dividir com o outro. E foi mais rico ainda porque muitas crianças talvez aprenderam a dividir brinquedos. Eu aprendi a dividir comida, o que tem uma simbologia, para mim, muito, muito grande, ainda mais sendo nordestina! Foi muito forte como experiência.

E aí eu comecei a entrar em conflito: primeiro dia dei, óbvio, tudo bem. Segundo dia, também queria. Terceiro dia, também queria. Então eu levei o problema para casa. E aí foi mais uma vez a mãe... e seguramente os dois conversavam de noite, o pai e a mãe, de como estar encaminhando... E a solução encontrada ali para me ajudar é que eu passei a levar dois lanches. Assim eu tinha o meu e também levava o dela, e dividia com ela.

SÉRGIO: Ela era quem?

FÁTIMA: Era a Lúcia. Eram duas as amigas que me marcaram enormemente, a Lúcia e a Estela, que às vezes se revezavam de lugar.

SÉRGIO: A Lúcia também era da favela "Poço da Panela"?

FÁTIMA: Também do "Poço". Eu não sei bem se se chamava favela. Eram uns barracos que tinha na beira do rio. E foram experiências assim muito fortes. Por exemplo, eu tive uma outra que eu vou falar, mas não sei, se não der depois a gente tira. *(Sérgio cai na risada)* Foi com a Lúcia. A Lúcia começou a não vir mais na escola.

SÉRGIO: Enquanto isso eu vou te fotografar, agora que você acabou de fumar. *(Fátima ri)* Eu não te fotografei enquanto você estava fumando para não estimular os nossos leitores.

FÁTIMA: A Lúcia começou a faltar à escola. Não aparecia, não aparecia, e então eu fui lá. Eu sabia onde ela morava e fui na casa dela. Eu tinha dez anos, Sérgio. E aí a mãe dela me disse que ela tinha fugido de casa. Eu disse: "Como assim, fugido de casa?" Ela muito simplesmente, sem nenhum melindre, me disse assim abertamente que a Lúcia tinha fugido de casa porque o pai tinha abusado dela. Eu tinha dez anos, e nem sabia que aquilo acontecia, nem que podia acontecer. Ou seja, foi outra coisa que me marcou enormemente! Era a minha companheira de banco de escola, tão menina quanto eu!

Foram experiências assim, que marcam a tua vida. E ali você começa. Então, a escola que eu tive, não só de vida, mas também de dentro de casa, foi sempre uma coisa assim muito marcante, no sentido de que as coisas realmente estavam ali, os conflitos. Eu acho que essa possibilidade de ter vivido esses dois mundos te traz uma consciência de classe muito mais nítida, e ao mesmo tempo, te reforça a tua opção política mesmo, ou a favor ou contra. Acho que é bem por aí. É muito forte, muito forte!

8. O PAI PRESO, UM PLANO MIRABOLANTE E A FEIJOADA NO QUARTEL: "ÍAMOS NÓS DUAS, DE ÔNIBUS, COM OS PANELÕES NAS PERNAS."

SÉRGIO: Quando chega a ruptura com essa vida no Recife, com esse aprendizado? Além da questão da adolescência, de que você já falou, onde é que entra o problema que leva vocês — numa espécie de vendaval — para fora do país? Qual é a percepção que você, como menina, jovem, tem desse período aí, e qual é o aprendizado que você fez dessa experiência que levou a família ao exílio?

FÁTIMA: Pois é. Antes disso eu tinha o quê? Treze, catorze anos, antes de sair do Brasil. Para já, como eu tinha uma relação muito forte com a minha mãe, quando prenderam o meu pai, a mãe — era gozado! — tinha um plano mirabolante: ela queria disfarçar o pai de mulher e tirar o pai do Brasil, imagina! *(Sérgio cai na gargalhada)* A gente confabulava, as duas, de noite, era uma loucura total!

E aí, uma das coisas que me marcaram enormemente foi quando transferiram ele do Recife para Olinda, e o puseram no quartel de Olinda. Então a mãe alugou uma casinha, lá em Casa Caiada, perto de Olinda, e que era onde a gente veraneava, desde pequena e tudo. E, Sérgio, eu e a mãe, nós fazíamos panelões de feijoada. A gente não tinha carro, não dirigia, a mãe nunca dirigiu na vida, e eu só tinha catorze anos, treze para catorze anos. Menino, a gente fazia panelão e panelão de feijoada, e íamos nós duas, de ônibus, com os panelões nas pernas, para levar pro quartel lá onde o pai estava preso. Levávamos feijoada para todos os amigos dele.

Aquilo me marcou enormemente, ver o pai preso, porque com treze, catorze anos, eu sabia que ele era um homem bom, que não tinha feito nada, e no entanto... Por que é que estava preso? Era tudo assim muito nebuloso, muito impactante. E fazia fila, e você ficar lá esperando, e ver ele e os outros, colegas, todos saindo em fila de lá de dentro das grades. Essa imagem me marcou enormemente.

Como, por exemplo, também: eu sempre gostei de namorar muito, e namorei muito cedo. E eu me lembro também, nunca me esqueço, do dia em que eu fui, e a mãe foi comigo... No Recife, naquela época, ainda existia o que eles chamam de "aliança de compromisso", que é uma aliança que você recebe antes de realmente ficar noivo. Você tinha que ter autorização paterna. E o pai, preso! Então aí a mãe foi comigo. Fomos eu e ela contar para ele isso tudo. Isso também me marcou. São lembranças bonitas e tristes ao mesmo tempo.

A grande ruptura se deu no momento em que a gente teve que sair do Brasil. Eu ainda fui com a mãe, ainda visitei o pai na embaixada da Bolívia no Rio, antes de ele sair do Brasil. Aí fomos todos os filhos. Fomos para Campos, ficamos lá na casa da irmã do meu pai. E eu ia com a mãe, de ônibus, para o Rio, para ver o pai na embaixada.

Quando a gente saiu do Brasil para o Chile, o que estava na minha cabeça é que ia ser assim uma coisa rápida. Não imaginava que fosse passar dezoito, dezenove anos, não é, Sérgio?, que foi todo esse tempo que fiquei fora. Não dava, só foi se configurando a seriedade da coisa depois, quando já estava fora.

9. PROFESSORA FANTÁSTICA: DONA ROSA! CASTIGO? "SÓ FUI PEGA NO CHILE." E UM GRANDE COLÉGIO DE FREIRAS.

SÉRGIO: Já que nós estamos nesse sai-não-sai, há uma coisa que me chama um pouco a atenção, quando você evoca esse período de menina e de adolescente, período de escola: até agora não apareceu a figura de nenhum professor.

FÁTIMA: Eu tive uma fantástica. Dona Rosa! Essa mulher foi fantástica! Era ainda no Recife. Foi com ela que eu aprendi a fazer mamulengo[26]. Mamulengo é títere. Eu adorava essa professora! E é interessante porque eu sempre gostei de teatro e não sabia de onde vinha. Sempre gostei de representar. A mãe dizia que eu devia ter sido artista, de palco *(ri)*, e eu acho que vem dela. Ela me marcou muito por aí. Eu fazia os cenários, as roupas para os bonecos, e montava as peças. Era muito legal.

SÉRGIO: Mas o que é que a dona Rosa provocava em você que te fez admirá-la tanto?

---

[26] De acordo com o *Houaiss*: "substantivo masculino. Rubrica: teatro. Regionalismo: Nordeste do Brasil. (1) mesmo que *marionete* ('boneco'); (2) espetáculo de marionete, de conteúdo frequentemente crítico, que representa cenas entre boneco e público, boneco e operador, ou entre dois bonecos (mais usado no plural)." Instituto Antônio Houaiss, *Dicionário Houaiss da Língua Portuguesa*, 1ª ed. Rio de Janeiro: Objetiva, 2001, p. 1.827.

FÁTIMA: Eu acho que era o fato de ela me incentivar por esse lado da arte mesmo, da representação, do cênico. Foi por aí. Era no sentido assim mais pela coisa da criatividade mesmo, Sérgio. Agora, disso tudo, dessa minha época de primário, eu não me lembro mesmo, não. Não tem.

SÉRGIO: Pois é. Essa dona Rosa era professora de quê? Foi a tua primeira professora?

FÁTIMA: Não, não. Era professora de classe normal. Eu devia estar na segunda ou terceira série, por aí.

SÉRGIO: Você apanhou na escola?

FÁTIMA: Nunca.

SÉRGIO: Ninguém te pôs a mão?

FÁTIMA: Nunca.

SÉRGIO: E castigo?

FÁTIMA: Castigo, que eu me lembre, também não.

SÉRGIO: Você devia ser da pá virada[27]!

FÁTIMA: Mas eu fazia as coisas bem-feitas, não me pegavam. *(Caem na risada)* Eu só fui pega no Chile, já adolescente.

SÉRGIO: Pega como?

FÁTIMA: Porque eu fumava dentro da escola. Aí eu fui pega, e tiveram que chamar meu pai, e tudo. Mas no Brasil, não. E dei problemas, ainda no Brasil, na adolescência também, no ginásio, porque era um colégio de freiras, e tinha lá uma história que você era obrigado a fazer um diário para mostrar para a irmã. Eu achava aquilo um absurdo, uma coisa realmente pavorosa. Era contra aquele negócio, e me negava a fazer, não aceitava. Aí eu não me lembro se

---

[27] "Da pá virada: Regionalismo: Brasil. Uso: informal. Diz-se do que é buliçoso, brincalhão ou desordeiro, turbulento ou licencioso, debochado." Instituto Antônio Houaiss, op. cit., p. 2.100.

chamaram meu pai ou minha mãe, enfim... Mas, de dentro de classe, nunca houve problema, não.

Sérgio: Foi onde, esse colégio de freiras?

Fátima: No Recife mesmo. O colégio se chamava "Vera Cruz". Ainda existe. É um bom colégio no Recife, um grande colégio de freiras. Mas normalmente eu não tinha problema. Eu estudava, sempre gostei de estudar. E eu era muito rápida pra aprender, sempre fui muito rápida. Dentro da escola nunca dei problema, não.

10. "Não, não vou. Imagina que eu vou pros Estados Unidos! Eu vou casar!"

Sérgio: Não sei se ainda dessa fase de saída do Brasil tem alguma coisa que você acha que valeria a pena recordar. Mas eu me lembro que — já não é nesse livrinho *Partir da infância*, mas num outro que nós fizemos, o *Aprendendo com a própria história II*[28] — num determinado momento, quando vocês estão no Chile, em que o Paulo entra em contato com uma universidade americana, e já está para ir para os Estados Unidos. Aí tem todo um episódio em que ele conta que vocês decidem não ir. *(Fátima ri)* Como é que é a tua versão da história?

Fátima: Foi uma das experiências mais bonitas que eu tive com o meu pai. Experiência belíssima! Eu guardo a carta que o meu pai me escreveu. Está velhinha, velhinha, mas eu guardo até hoje a carta que esse homem me

---

[28] V. o capítulo I, "Ainda o Chile, os Estados Unidos e o Brasil", segmento 1, "Momento decisivo: uma reunião de família". Paulo Freire e Sérgio Guimarães, *Aprendendo com a própria história II*. São Paulo: Paz e Terra, 2000, pp. 45-51. Para as edições de 2011, optou-se por trabalhar cada livro de forma independente. Dessa forma, *Aprendendo com a própria história II* tornou-se *Dialogando com a própria história V*. pp. 43-50 (N.E.).

escreveu de volta, quando eu depois decido sair do Chile para os Estados Unidos.

O negócio é o seguinte (ri): estávamos nós no Chile, e o pai recebeu um convite para ir para Harvard. O convite, óbvio, dava direito a viagem para toda a família. Mas naquele então estávamos eu e a minha irmã, a Maria Cristina, que é a segunda filha... Ela estava noiva lá de um chileno, e eu estava convencida que eu ia casar com um chileno de origem austríaca. Eu tinha dezenove anos, e estava convencida de que eu ia casar. Era uma relação antiga já. Tinha o quê? Quatro, cinco, seis anos.

E eu disse "Não, não vou. Imagina que eu vou pros Estados Unidos! Eu vou casar!" E aí, Sérgio, foi uma das coisas assim muito loucas, porque junto com isso aí vem um ranço negativo da cultura nordestina. Para você ver como a coisa da raiz e da cultura é forte, porque, apesar de vir de uma família na qual a minha mãe sempre trabalhou, sempre batalhou e teve a vida dela... Eu fiz o meu colegial no Chile, e com notas fantásticas. Fui uma aluna brilhante, tinha um percurso muito bom.

E aí — olha que coisa louca! — o cara com o qual eu imaginei que ia me casar não era nada intelectual. Era um comerciante, sei lá, vendedor. Eu acabo os meus estudos no colegial com notas fantásticas. No Chile, na minha época, não existia o sistema em que você teria que fazer vestibular. O que te dava entrada na universidade, no que você fizesse de escolha, eram os três anos de colegial. E eu era a primeira da classe, então tinha a entrada aberta. Eu disse "O quê? Eu? Seguir carreira, estudo, universidade? Imagina! Se eu vou casar com um cara que não é intelectual, eu vou lá e não vou estudar. Não quero estudar." E aí decidi que não ia mais estudar, que ia ficar só com o colegial, e pronto.

Aí foi um escândalo na escola. A diretora achou aquilo um absurdo e mandou chamar o meu pai. Como era possível a melhor aluna da sala, blá-blá-blá, não ir para a universidade? O pai foi lá, teve a entrevista com a diretora, e disse que acatava a minha decisão, que eu não queria mesmo, e pronto. E eu botei na minha cabeça que eu queria ser secretária. *Bueno.* Aí o pai tinha que viajar, eu disse que não ia, a minha irmã também disse que não ia aos Estados Unidos com eles. A gente ia ficar morando mesmo no Chile, porque eu ia me casar, então não precisava ir.

E aí eu fui conversar com ele. "Olha, paizinho, é o seguinte: eu não quero estudar mais. Quero ser secretária, vou me casar com o Enrique e não vou com vocês." Ele disse: "É isso mesmo que você está querendo?" E eu: "É, paizinho, estou decidida." Aí encontrei um trabalho, estava trabalhando, e ele disse: "Muito bem, minha filha. Então vamos, nós dois. Eu vou procurar com você o melhor curso de datilografia que possa ter aqui em Santiago, vou lhe inscrever, e você vai estudar para ser secretária. É isso o que você quer?" Eu disse: "É isso o que eu quero."

Sérgio, esse homem foi comigo, me matriculou na melhor escola *(ri)* de datilografia e secretariado que tinha em Santiago, pagou todo o curso, foi no meu trabalho — quando foram embora — para conhecer o patrão: "Olha, eu estou viajando, sou o pai dela." Alugou uma pensão boa, para mim e para a minha irmã, deixando tudo pago, e nós ficamos no Chile. Olha a coragem desses dois! E foi fantástico, porque graças a isso, dois meses depois, quando eles foram embora, eu continuei trabalhando e já estava comprando coisas, fogão, geladeira. Eu ia casar!

Sérgio: E já estava montando o dote!

FÁTIMA: Eu ia acabar com a minha vida.

SÉRGIO: Aí o Enrique...

FÁTIMA: ...quando viu que eu não tinha mais pai nem mãe naquele momento, ali — dessas coisas que acontecem, Deus sabe como e por quê — o cara realmente achou que já estava tudo pronto, que era meu dono mesmo, e tudo. Foi aí que eu caí na real, vi que aquela reação não era aquilo mesmo, e tive que sair do Chile quase que às pressas e fugida, porque aí eu rompi a relação e o cara não aceitou. Me seguia, me perseguia quando eu ia para o trabalho, uma coisa absurda, muito louca!

E aí eu escrevi para o meu pai: "Olha, paizinho, não era aquilo mesmo, não, que eu imaginava que fosse. *(riem)* Por favor, me mande buscar de volta, porque eu não quero mais ficar aqui, não. Eu não vou mesmo me casar, estava equivoca- da, me mande buscar de volta." Na época, uma viagem para os Estados Unidos era cara, não é como nos dias de hoje. É óbvio que isso representou um gasto enorme para ele, porque ele teve que tirar do bolso dele. Aí foi muito divertido, e ele costumava dizer que foi *a* experiência, o marco mesmo, e que depois daquela vez, eu já tinha tido a experiência, fim de papo, que eu não viesse mais com histórias desse tipo.

Coisa linda é a carta que ele me escreveu falando de um tipo de relação amorosa não sadia, de um tipo de amor que não te liberta e te empobrece e faz com que você deixe de ser.[29] Foi uma experiência belíssima, e a carta que eu tenho do

---

[29] "As relações amorosas só o são realmente quando são libertadoras. Quando os sujeitos que se amam se harmonizam, mas jamais se nivelam. Quando os sujeitos que se amam se comprometem entre si e com o mundo, por isto mesmo não transformam a unidade do amor num mundo fechado de dominação. Quanto mais você ia cedendo à esfera da ação de seu ser tanto mais você perdia a sua liberdade, o seu direito de expressar a sua visão da vida..." —, escreve Paulo num dos trechos que Fátima concordou em desvelar.

pai, nesse sentido, é uma das coisas mais bonitas que eu já vi. É quase como algo que — se eu quisesse fazer uma comparação que eu nem sei se daria — tem muito a ver com a pedagogia do oprimido, mas em relação com a pedagogia amorosa. Ele me relata... e foi muito bonito, o quanto os dois devem ter sofrido com esse meu processo, porque eles simplesmente não interferiram. Eles apostaram em mim, e isso é que eu acho fantástico. Quer dizer, eles apostaram em mim e neles, de certa forma, porque apostaram o quanto deles eles puseram dentro do meu corpo, para que chegasse um momento em que eu soubesse reoptar pela vida, e não pela morte.[30]

Então ele me faz uma descrição do que é uma relação amorosa doente — que era o que eu estava a viver, sem me dar conta — mas de uma boniteza! Uma coisa assim linda! Linda, linda, linda a carta!

Sérgio: E aí você volta para casa.

Fátima: Aí eu volto. Foi a primeira vez que eu fui para os Estados Unidos. Fui viver lá com eles, e dali então já fui para Genebra com eles, quando eles saíram. Foi uma experiência única!

---

[30] "Tudo isto sabíamos nós. Mas sabíamos também que nada disto você entenderia enquanto estivesse emaranhada nas redes de seu próprio equívoco. Era preciso que você mesma, a partir de sua experiência, fizesse a descoberta de quanto é trágico deixar de ser. Talvez se possa dizer — o que será equívoco também — que, neste caso, eu e sua mãe nos omitimos, deixando-a correr o risco de deixar de ser. Não! Não era omissão. Para nós, existir é mesmo correr risco. E eu não posso correr o risco de sua existência por você. Eu corro o meu risco. O legítimo é corrermos juntos o risco. Mas isto não pode significar que eu, como pai, que Elza, como mãe, que nós, manhosamente, criemos situações falsas para que você como filha não corra o seu risco...", escreveu Paulo, de próprio punho.

11. Relação triangular, "matar" o pai: "Ela me ajudou enormemente!"

Sérgio: E como é que você sai de casa? Como é que você "mata o pai"? Normalmente tem essa história de "matar o pai", quando é filha, não tem?

Fátima: É, mas acho que eu "matei" ele dentro de casa. Eu não saí de casa. *(caem na gargalhada)*

Sérgio: "Matou" ele como? *(rindo)* Como é que foi essa tua reequilibração, que normalmente acontece quando se é filha, em relação ao pai? Se bem que eu não sei se você sentiu isso. Vem da psicanálise, essa história toda, e não sei até que ponto para você isso foi real, sobretudo considerando a figura que ele passou a ter, a figura pública que ele passou a ser.

Fátima: É complicado. Eu acho que, para qualquer filha — e o inverso também é verdadeiro para qualquer filho — é difícil "matar" a mãe, da mesma forma como para a filha é difícil "matar" o pai. São coisas realmente fortes. Alguns têm uns processos mais difíceis, outros mais fáceis.

Em relação a isso, Sérgio, eu tive uma experiência mais uma vez interessantíssima, na relação triangular, e na relação dual com o pai, enquanto filha do pai. Eu às vezes penso muito sobre isso: eu tinha uma relação muito forte com a minha mãe. Muito, muito forte! E é gozado que ela me ajudou enormemente a equilibrar e a superar os problemas com o pai. De uma forma talvez enviesada, de uma forma que talvez pudesse ter me complicado enormemente, se aí também não entrassem a minha forma de ser, a minha genética e a minha estrutura psíquica, por último, vai! Porque o tipo de relação que eu tinha com ela, como ela conversava muito comigo, trocava muito comigo, de certa forma, através dela eu tive a possibilidade de desmistificar enormemente o meu pai de lá de fora com o pai aqui de dentro.

Portanto, à medida que desmistificava, eu podia separar. O complicado é quando você tem três ou quatro pais dentro de um mesmo. Três ou quatro aspectos de pai: tem o pai do cotidiano, dentro de casa; tem o pai famoso dentro do Brasil; tem o pai famoso fora do Brasil; e tem o pai "guru", porque ele é "guru" para muita gente. Guru entre aspas, sei lá como chamar, enfim... Então, é um peso retado,[31] é muito difícil.

Nesse sentido, eu acho que, através da relação com a minha mãe, pela proximidade com ela, e pela identificação com ela enquanto mulher, eu me sentia tão próxima que não me sentia competindo com ela. Ao contrário, ela era uma aliada para mim. Talvez daí eu consegui chegar no meu pai de uma forma direta. De todos os filhos, eu desbocava mesmo com ele. Eu criticava ele. Ele ficava puto, mas eu criticava.

12. "Você escreve muito difícil!" E um pouco mais de fio-terra

Sérgio: O que é que te incomodava nele?

Fátima: O que me incomodava nele, para já — isso lá para trás, de pequena — era assim do que é que eu sentia falta. É o que eu chamo "o pai físico". O pai físico no sentido da presença mesmo. Sem crítica sem nada, é a coisa da presença-ausência. Era um tipo que, às vezes. Estava muito mais voltado para os estudos dele, para os escritos dele. Disso eu senti muita falta. Muita falta.

---

[31] *"Retado:* (1) Regionalismo: Nordeste do Brasil. Interessante. (2) Regionalismo: Bahia. Muito grande, enorme." Instituto Antônio Houaiss, op. cit., p. 2.444.

SÉRGIO: Isso do ponto de vista da convivência, do dia a dia. Agora, do ponto de vista intelectual, digamos assim: como é que era o teu relacionamento com ele? Você se entendia bem com ele? Concordava na maior parte das coisas ou tinha uma posição diferente? Como é que intelectualmente você se situou em relação a ele?

FÁTIMA: Eu não discordava de grande parte. O básico dele, a postura dele, a filosofia dele, eu bebi intensamente e acho que eu comungaria com ela mesmo se eu não fosse filha dele, não me resta dúvida. O que eu tento hoje é recriar. Por exemplo, todo o meu fascínio pela psicanálise, pela coisa da fala, da linguagem, eu me arredondo por aí, eu complemento por aí, coisa em que ele não entrou, nessa área. Ele não foi por aí. Explicitamente, ele não foi.

Mas assim de discordar de pensamento dele, não. Às vezes — eu já dizia isso para ele — eu achava que alguns livros dele ele poderia escrever de uma forma mais próxima. Eu disse uma vez para ele: "Olha, paizinho, a crítica que eu te faço é que eu acho que às vezes você escreve muito difícil. Não chega, às vezes, no professor mesmo." Tanto é que, por exemplo, esse livrinho, esse último livro dele, *A pedagogia da autonomia*, a gente discutia com ele. Eu levava ele lá para a escola e dizia: "Paizinho, tem que ser para o professor. Fala de coisa de dentro de sala de aula! Fala de coisa prática! Fala com uma linguagem mais cercana!" Tem livros do pai que as pessoas não entendem mesmo, Sérgio!

SÉRGIO: Sim, mas uma das razões, a meu ver, é porque ele é um homem de pensamento barroco, Fátima.

FÁTIMA: Ele é abstrato demais!

SÉRGIO: É barroco, do ponto de vista do conteúdo, por outro lado.

FÁTIMA: É.

SÉRGIO: Por outro lado, ele extrai do vocabulário da filosofia, da teoria do conhecimento...

FÁTIMA: Muito, é verdade.

SÉRGIO: ...muita coisa. Aliás, essa nossa experiência dos livros dialógicos já tinha como objetivo justamente...

FÁTIMA: ...dar uma equilibrada...

SÉRGIO: ...pôr um pouco mais de fio-terra aí. É interessante que você também tenha constatado isso.

FÁTIMA: Ele não gostava, mas eu dizia. Eu tive já brigas, quantas?, duas brigas com o meu pai, ferradas. E é gozado, o pai já ficou sem falar comigo duas vezes, de me mandar calar a boca, porque de todos os filhos, eu abria... Eu acho que cada um vem com um papel na família, não é?, quando nasce.

SÉRGIO: *(rindo)* Por quê? Você está ficando pré-determinista?

FÁTIMA: Não, *(ri)* mas eu acho que é uma coisa assim: lá dentro de casa eu sempre tive um papel... Sabe, manja aquela da caixa de pandora, que está ali, fechadinha, e que todo mundo sabe que não deve abrir, porque se abrir a coisa...? *(Sérgio cai na risada)* Eu chegava, entrava na sala, e destampava.

SÉRGIO: No fundo, é a figura que desoculta.

FÁTIMA: Isso, isso!

SÉRGIO: É profundamente ligado a um exercício necessário que, aliás, o próprio Paulo desvenda! Ele mesmo explica isso. Então, na medida em que você faz esse papel da pessoa que desoculta, que vem e bota para fora, mostra aquilo que não era mas se torna aparente, isso nem sempre agrada.

FÁTIMA: Eu sempre tive isso. Daí, então, as duas brigas feias que eu tive com ele, de desaveniência[32] mesmo, de postura. Agora, eu acho que nessas situações não se tem que ver quem está certo e quem está errado, porque a opção era dele. E respeitei. Era contra, mas respeitei. *(ri)*

13. FILHA DO PAULO FREIRE NA GUINÉ-BISSAU: "EU NUNCA TINHA DADO AULA NA MINHA VIDA!"

SÉRGIO: Mas aí, Fátima, quanto à experiência de sair de casa e tentar uma vida autônoma: foi isso que te levou à Guiné-Bissau ou não tem nada a ver? O que é que te leva à Guiné-Bissau?

FÁTIMA: Acho que foram as conversas que eu tive com ele sobre o trabalho que ele estava realizando lá e sobre as semelhanças culturais e geográficas da África com o Brasil. E aí foi interessantíssimo, porque foi a primeira vez que eu realmente usei o nome do meu pai de plena e sã consciência. Eu fui lá no consulado da Guiné-Bissau — estava em Lisboa — e disse que eu queria ir trabalhar lá e que era filha do Paulo Freire. Imagina, as portas se me abriram imediatamente. Eu não tive que fazer nada e já estava lá. E uma das experiências mais bonitas que eu tive na minha vida foi na África. Belíssima!

SÉRGIO: E você foi trabalhar justamente no processo de alfabetização? Enfim, no Ministério da Educação, formação de professores?

FÁTIMA: É, eu fui enquanto professora. Naquela época eles chamavam de "cooperante". Fui dar aula no Liceu

---

[32] *Desaveniência* o Houaiss não registra. Entenda-se certamente, por aí, desavença.

Kwame N'Krumah, que deve existir até hoje.[33] Dei aula no colegial, para os três primeiros anos. Dava aula de Filosofia e de Psicologia.

SÉRGIO: Para quem tinha pensado num determinado momento em se tornar secretária *(Fátima ri)* e depois vai ser professora, o que é que funcionou aí, para te levar a mudar de opinião?

FÁTIMA: Repare: eu não quis continuar os meus estudos justamente por um desvio amoroso. Ou seja, vamos partir do momento em que eu estava deixando de ser eu mesma, negando toda a minha capacidade, toda a minha intelectualidade, e vinculada numa relação amorosa doente. A partir do momento em que essa relação não existia mais, tudo o que eu era voltou a emergir tal qual. Então é óbvio que aí eu voltei a estudar, fui para a universidade.

Foi uma burrice que eu paguei caro, porque, ao chegar na Suíça, por nunca ter entrado numa universidade fora, ou no meu próprio país, eu tive que passar por todo o processo, igual os estrangeiros. Eu fui obrigada a fazer aquilo que em Genebra eles chamavam de *maturité fédérale*. E tudo isso em francês. Foi um trampo, um preço altíssimo!

SÉRGIO: E você fez o quê?

FÁTIMA: Aí eu fiz psicopedagogia, no Instituto Jean-Jacques Rousseau, em Genebra. O preço foi muito alto, *(ri)* porque eu poderia ter entrado em equiparação. Não precisaria ter brigado tanto para entrar na universidade. E então, quando eu fui exercer realmente, profissionalmente, na área da educação,

---

[33] O Liceu Nacional Kwame N'Krumah de Bissau continua funcionando, sim. Foi nesse estabelecimento de ensino, aliás, que pude presenciar, em 29 de outubro de 2003, a cerimônia de abertura tardia do ano letivo 2003/2004, em meio a uma crise política, econômica e social sem precedentes na Guiné-Bissau, agravada ainda mais com o golpe de estado de 14 de setembro de 2003.

PARTIR DA INFÂNCIA | 209

isso foi muito tardio. Quando comecei a trabalhar eu tinha 26 anos, tardíssimo! E meu primeiro emprego foi na África. Foi na Guiné-Bissau.

Ali, eu já tinha passado pelos estudos em Genebra, de psicopedagogia. Já tinha feito filosofia em Portugal, porque eu continuei estudando. Quer dizer, no dia de hoje, eu tenho doze anos de universidade no corpo, de diferentes áreas. Mas, enfim, eu aprendi a dar aulas na Guiné. Eu nunca tinha dado aula na minha vida!

SÉRGIO: E você ficou quanto tempo na Guiné? Chegou em 76...

FÁTIMA: ...e saí em 81. São quatro anos, um bom tempo.

14. TER UMA ESCOLA, NOME PESADO: NOVE MESES PROCURANDO EMPREGO

SÉRGIO: E aí, quando você chega ao Brasil, você passa algum tempo por administração no ensino, não é?

FÁTIMA: Isso, tive uma escola.

SÉRGIO: Pois é. E essa experiência de escola, aí, como foi? Porque uma coisa é sala de aula, outra coisa é escola, como propriedade, como instituição.

FÁTIMA: Foi uma experiência riquíssima!

SÉRGIO: É isso que eu queria que você desenvolvesse um pouco mais, porque é uma coisa de que não se fala muito. A gente fala muito das experiências da escola em sala de aula, mas não desenvolve suficientemente essa experiência, que é a da administração do ensino. O ensino como empreitada, como iniciativa e, no caso, iniciativa privada.

FÁTIMA: É, era uma escola particular.

SÉRGIO: E como é que aparece, que experiência isso te traz, que lições você tirou daí?

FÁTIMA: Isso aparece de uma forma muito interessante também na minha vida porque, quando eu voltei para o Brasil, eu não te minto: passei nove meses procurando emprego em escolas. E ninguém me queria, eu não conseguia!

SÉRGIO: O nome era muito pesado?

FÁTIMA: O nome era muito pesado e — com uma leitura totalmente equivocada da realidade, vindo de lá de fora — eu pensava, quando eu cheguei ao Brasil naquele então, que quanto mais eu pusesse no meu currículo, melhor seria. Depois é que a telha foi cair, como se diz: era justamente o contrário. Quando eu descobri...

Eu fiz muita besteira; não era besteira, era a necessidade de reaprender a ler uma realidade na qual eu não estava mais, e em que eu estava voltando. Era outra coisa. Além disso, a minha carteira de trabalho no Brasil era virgem. Eu nunca tinha trabalhado no Brasil. E, coisa pesada, quando voltei eu tinha trinta e tantos anos. Voltei mulher casada, com filho e tudo, e procurando emprego pela primeira vez. Não era fácil.

A primeira bobeira foi pôr tudo no meu currículo. Aí, quando eu percebi, comecei a enxugar, a tirar coisa. A segunda bobeira *(ri)* é que eu ia fazer estágio nas escolas e me mandavam fazer um registro do que eu tinha visto. E os meus registros eram coisas feitas absurdamente; eu não poderia estar pondo aquilo. Poderia ter feito coisas muito mais precárias, muito mais simples. Ou seja, o que eu devolvia eram os nervos centrais da problemática da escola. E nenhuma me dizia por quê não me pegava. Foram tantas que eu rodei!

Aí eu tive uma, graças a Deus — no dia de hoje é uma amicíssima — que me explicou e disse: "Olha, Fátima, não dá pra te contratar." Eu digo: "Mas, como assim? O que é que está acontecendo? Eu já estou há muito tempo procurando!" E ela: "Não dá porque, pelo seu nível, pelo seu currículo, pelo seu trabalho e pelas coisas que você escreve, você não é para ser professora, você pode pegar a escola inteira. Você pode ser diretora da escola, então ninguém vai te pegar. A gente não pode te pegar. Não pode porque senão a gente vai ter problema aqui dentro, se eu te puser."

Foi muito doloroso, porque aí novamente eu voltei à ideia de por que não, então, exercer o secretariado? Aí eu já podia ser bilingue, trilingue, tinha a minha datilografia, tinha tudo bonitinho. Por que não ir por aí? Mas terminei não indo, e tive uma sorte muito grande, porque teve uma amiga que esteve no exílio, soube que tinha uma escola que estava precisando de gente, e me indicou. E eu fui fazer o teste.

Só que, dessa vez, eu já tinha nove meses de Brasil, já fui muito mais escolada. Já cheguei dizendo que o que eles tivessem para me dar eu aceitaria, que poderia ser qualquer coisa, que não teria problema nenhum. *(ri)* Me fiz de tonta, monga, não falei muito, não escrevi nada. E aí, no final, me contrataram...

SÉRGIO: ...como servente da escola! *(caem na risada)*

FÁTIMA: Não chegou a tanto, a servente, apesar de que, até, se viesse de servente, eu teria aceitado! Mas me contrataram como auxiliar de professor. Auxiliar de classe, de uma primeira série. Eu já tinha trinta e tantos anos, Sérgio, imagina! E com a bagagem que eu já tinha! Eu disse que estava fantástico, ótimo, que eu ia ser auxiliar, não tinha problema nenhum.

E comecei. É dessas coisas que acontecem, que não são coincidências, não são mesmo. Papai do céu me deu uma mão enorme, porque a professora da qual eu era auxiliar simplesmente caiu de hepatite. E hepatite são três meses! *Bueno*, aí eu tive que assumir a classe. E quando a professora ficou boa e voltou, não tinha mais nem um milímetro de espaço para ela entrar. Não dava mais.

SÉRGIO: Você já tinha tomado conta da turma toda.

FÁTIMA: Da turma toda, dos pais todos, não tinha como. E aí a dona da escola — uma escola de que depois eu me tornei sócia e dona — uma pessoa muito fantástica, a Paulete, pôs a professora em outra sala e me manteve até o final do ano. No final do ano ela me oferta a pré-escola inteira na mão para dirigir. Aí eu já não era mais professora. Passei a ser a coordenadora da pré-escola do "Poço do Visconde", e depois terminei entrando como sócia-proprietária mesmo, dona também. Fiquei dezesseis anos lá. Só saí quando eu mesma fechei a escola.

15. UM PROCESSO DOLOROSO, TREZENTOS ALUNOS, PÂNICO. "ESCOLA PARTICULAR RESTRINGE A CONVIVÊNCIA?"

SÉRGIO: E por que é que fechou a escola?

FÁTIMA: Foi um processo muito triste. Quem fundou a escola foi a Paulete, que era sócia única. Depois ela me convidou, a mim e a outras coordenadoras que estavam lá, e nós fizemos um grupo de cinco pessoas, que estavam tocando a escola. Cinco sócias. E, na verdade, eu nunca fui uma boa administradora. Eu não sou do lado da administração, do financeiro. Nunca fui e nunca vou ser, não gosto. A minha área, a minha praia sempre foi o pedagógico.

PARTIR DA INFÂNCIA | 213

Então éramos as duas cabeças. Ela era — como eu lhe dizia — o pai, e eu era a mãe, nesse sentido. E ela ficou doente, ficou de câncer, e eu a perdi. Consegui ainda segurar a escola, sem ela, com as outras sócias, quatro anos. Aí chegou um momento em que eu também estava cansada, não estava conseguindo, e como eu não tenho esse lado aí do veio da administração — eram sessenta funcionários! — e eu fui ficando preocupada, porque não conseguia tocar a coisa para a frente. Tive que entregar o prédio, vários outros problemas surgiram. Você imagine que eu fechei a escola com trezentos alunos! O meu pânico era eu não conseguir pagar legalmente a todos os funcionários, a todos os meus professores. Eu tinha gente, de casa, de quinze, dezesseis anos! Era uma grana preta!

Foi um processo muito doloroso, porque eu perdi... o pai morreu em maio de 97, e eu fechei a escola no final do mesmo ano. Eu abri antes para os pais, fiz a coisa totalmente na transparência, em aberto. Foi muito doloroso.

SÉRGIO: Quando você analisa essa tua experiência com uma escola particular, que é, também, uma escola de classe — na medida em que ela seleciona um determinado público em função das possibilidades econômicas que esse público tem — face a uma escola pública que, em princípio, abre o leque para todo tipo de gente das diferentes classes sociais, eu queria sondar um pouco você com relação a isso.

Sem pretender induzir nenhuma resposta, a impressão que eu tenho é a de que uma escola particular restringe, digamos, a convivência das crianças e dos jovens em função das possibilidades de pago. Até que ponto isso é verdade? Pela experiência que você tem, você como uma pessoa que, desde pequena, aprendeu a lidar com as diferentes pontas das classes sociais, como você via essas contradições, essa dinâmica de uma escola particular, que é paga — e essa convivência, que é necessária, das crianças e dos jovens com as diferentes classes sociais?

FÁTIMA: Uma das formas — e eu acho que por isso até financeiramente a coisa não se segurava — nós facilitávamos enormemente. Tanto é que a classe social que frequentava a escola era bastante heterogênea. Eu tinha gente realmente que tinha relativamente grana, de profissões liberais e tudo. Mas eu tinha também gente de baixa renda, e a gente dava bolsa. Eu fazia questão de ter negros dentro também. Nesse sentido, eu era totalmente aberta.

E é interessante isso que você está levantando, porque durante muitos anos eu me machuquei enormemente, eu me questionei enormemente, até pela minha origem: apesar de estar não só numa escola particular, mas sendo dona de uma particular, eu dizia: 'Meu Deus do céu, o que é que eu estou fazendo aqui, se eu sou pela pública?' E não era uma postura piegas, não. Eu abria a escola mesmo, no sentido de cursos, de trocas entre os professores dos mais diferentes, inclusive também os de escola pública.

Mas uma coisa, Sérgio, que ao longo do percurso eu fui descobrindo era uma coisa assim. Eu dizia: "Tudo bem, é verdade, é essa a minha realidade. Eu estou formando gente, estou fazendo cabeça. Mas eu não estou fazendo a cabeça dos caras que estão lá na favela, dos caras da classe popular, não. Estou fazendo a cabeça da classe dirigente, não é?" E aí eu comecei a dizer: "Que bom, porque desses meninos que estão aqui e nos quais eu estou pondo a mão — não só eu, como todo o corpo docente — vai haver e tem fortes chances de que algum deles tenha algum cargo de mando, de direção e de importância, e que vão com a cabeça diferente, sim. Então eu não vou sair daqui, não. Estou fazendo um trabalho decente, sim, e continuo!"

E foi aí onde eu me machuquei menos, onde me clareou a minha postura e a minha opção. Apesar de não estar trabalhando diretamente com uma classe mais desfavorecida, ou de não estar diretamente na educação popular, eu estava a contribuir. Estava a contribuir a partir do momento em que eu estava formando cabeças de uma forma diferenciada, e com uma visão mais ampla justamente desses conflitos sociais e políticos. Cabeças que poderiam depois estar em algum cargo de mando, porque teriam muito mais chances de cargo de mando essas figuras, esses meninos que saíam da minha escola, do que os meninos que estavam lá numa escola pública. Foi por aí que eu consegui minimamente equilibrar o meu conflito interno e clarear a minha ação.

16. Mesa quadrada, oito lugares, formação: "teorizando o que você está vivendo."

SÉRGIO: Nesta sala em que estamos aqui, você estava me dizendo há pouco que você faz formação de professores. Eu queria que você comentasse um pouco, porque isso é você hoje. Depois de toda essa trajetória, você continua na área da educação, procurando caminhos que são necessariamente diferentes dos do teu pai e dos teus irmãos também. Eu gostaria que você explorasse um pouco essa formação que você faz aqui. Nós estamos sentados numa mesa quadrada, com dois lugares de cada lado. Portanto, são oito lugares apenas. O que é que você faz? Qual é a experiência que você está tendo atualmente com formação?

FÁTIMA: Repare: na verdade, são oito lugares, e eu não passo mais do que dez. Nesses grupos de formação menores, o meu número bom é dez. E qual é o objetivo? Infelizmente, pelo menos aqui em São Paulo — para não falar das escolas de fora de São Paulo, que eu acho que ainda têm situações pedagógicas mais precárias — o que eu avalio, Sérgio, é que são poucas as escolas que ofertam realmente ao professor, no seu cotidiano, um tipo de suporte e de apoio que lhes possibilitem uma real reflexão do que eles estão a viver, no cotidiano pedagógico, dentro da escola. O que é uma pena, porque essa seria — e é, na minha avaliação — a função mesmo da escola.

Nesse sentido, a escola tem uma riqueza de possibilidades enorme, que não consegue explorar. Quando você está numa universidade, por exemplo, já se torna mais difícil você fazer ou tentar uma junção entre a teoria e a prática, *mientras* que, numa escola, você tem todo um terreno e um espaço fértil para fazer essa junção real, porque eu estou vivendo, estou dando a minha aula ali! E, no entanto, as escolas não sabem fazer uso disso. Não é que não saibam. Eu acho que muitas vezes a gente não consegue mesmo, quando está dentro da escola. O suporte de coordenação pedagógica, na maioria da escolas, é um suporte totalmente operacional e não — eu diria assim — reflexional. Não vai pela reflexão.

Então, o que é que eu faço aqui no meu salão? Trago professores interessados em verticalizar mais a sua prática pedagógica, refletir mais e discutir problemas amplos sobre educação. Funciona como um grupo de supervisão: o professor traz a prática dele, se discute em grupo, se fundamenta, se encaminha, se troca. É nesse sentido, de tomar realmente distância do que ele está a viver e refletir sobre. É um aprendizado de estar teorizando o que você está vivendo.

Eu acho que isso deve ser feito dentro, e não fora da escola. No entanto, essa é a realidade: são pouquíssimas as escolas que fazem isso. E é interessante porque a grande parte dos grupos são professores com os quais eu já trabalhei, em escolas onde eu coordenei. É uma espécie de continuidade do trabalho que vinha de dentro da escola na qual eles trabalhavam e onde eu era a coordenadora.

SÉRGIO: São professores da escola pública ou não?

FÁTIMA: Tem de tudo. É misturado, público e particular.

SÉRGIO: E como é que se seleciona? Aqui, evidentemente, você está numa escala de oito a dez. Com que base você seleciona?

FÁTIMA: O primeiro critério é realmente o desejo do professor em assumir o compromisso, porque não é assim de você vir um mês e acabou, não. É coisa de você passar um ano inteiro no trabalho. São encontros quinzenais — eu não faço semanal justamente para dar tempo para o outro refletir, porque eu trabalho com lição de casa. Nego tem que estar escrevendo, tem que estar pensando.

É como se fosse um curso de formação, que dura o ano inteiro. Então, a coisa do compromisso para mim é fundamental. Outro aspecto: que ele realmente esteja exercendo uma prática de sala de aula. Outro critério: eu não gosto de misturar professor e coordenador da mesma entidade, da mesma escola, porque eu acho que são funções diferentes. Eu não misturo por aí, eu separo. E acho que o que é mais forte para mim é o desejo e o compromisso.

SÉRGIO: São todos professores da mesma escola?

FÁTIMA: Não, varia também. Isso é a riqueza, porque são escolas diferentes. Para mim é muito importante porque, mesmo não estando dentro das escolas, eu termino sabendo sobre as escolas e como é que funcionam, o que é que avançou ou não avançou. Esse é um trabalho que eu faço aqui. Além disso, eu dou curso fora, e faço assessoria dentro das escolas mesmo. Aí é muito mais um trabalho com os coordenadores das escolas.

Muito tempo atrás, eu me dedicava muito mais ao professor. No dia de hoje, eu continuo achando que é um foco para mim, é importante, eu curto e eu gosto, mas passei a imaginar uma coisa assim: que é muito mais interessante estar pondo a mão no coordenador também. Se você põe só no professor, você às vezes dificulta a vida do professor, por último, porque ele fica numa situação em que ele não tem mais aquele apoio. Quando o professor vai embora, ou fica sozinho dentro da escola, se a formação dele não está vindo de dentro, é difícil para ele. Ele tem que batalhar lá dentro junto com os outros. Então, é mais interessante, e importante também, no simultâneo, você estar fazendo o grupo de coordenadores. Você ataca pelos dois lados.

SÉRGIO: E você chega no supervisor? Ou ainda não chega?

FÁTIMA: Não. Quer dizer, na escola particular, é o coordenador. Supervisor é mais no nível da escola pública.

SÉRGIO: É o sujeito que fica saltando de escola para escola...

FÁTIMA: Não, eu nunca tive cursos de supervisores específicos. De escola pública, não. O que eu tenho são supervisores de escolas públicas que vêm aos meus cursos, mas aí é o curso genérico, não é um tipo de acompanhamento que você faça como eu faço assim com os professores ou os coordenadores de escola particular. Aí é diferente.

17. "Em que medida o Paulo Freire terá influenciado essa mudança?"

Sérgio: E a tua visão hoje da escola no Brasil? Quando você pensa nos tempos que você passou como aluna, nos bancos escolares, e depois de todo esse período fora, a visão que você tem hoje da educação no Brasil te faz dizer o quê? Como é que você avalia esse trajeto todo? E em que medida o Paulo Freire terá influenciado, de alguma forma, essa mudança, se é que houve mudança? Qual é a visão que você tem hoje da escola pública no Brasil? Ou essa pergunta é ambiciosa demais?

Fátima: A pergunta é grande demais, mas dá para dizer algo. É gozado isso: eu vejo a força do pai muito mais no movimento popular mesmo do que dentro de escolas. Eu vejo ele muito mais forte, ele sendo trazido com muito mais proximidade do que ele mesmo é, do pensamento dele e da força dele — e mais ainda, da compreensão do pensamento dele enquanto instrumento de trabalho — em organizações populares, em movimentos populares, mais do que dentro de escolas, públicas ou privadas. Nas privadas, algumas, várias se dizem freireanas, o que eu acho ridículo, dizer isso. Ele nunca gostava disso, imagina! Eu acho que tentam, mas não têm a ver.

Eu não percebo a força dele, do pensamento dele, da presença dele dentro da escola. Dentro da escola, o que eu percebo é individualmente, através de professores. Como, por exemplo, ontem mesmo eu fui dar um curso em Alphaville, e a diretora da escola — uma escola particular — é fascinada pelo Paulo Freire, entende Paulo Freire. Mas é individual, e, no entanto, não traz isso dentro da metodologia.

Não percebo por aí, Sérgio. Honestamente, não vejo por aí. Agora, vejo muitos projetos, muitas instituições sociais — nesse sentido, sim — com muito mais clareza de atuação e de concepção mesmo, pedagógica, indo na linha dele. Muito.

18. "QUE RAIO DE EDUCAÇÃO É ESSA? ONDE ESTÃO OS PROBLEMAS REAIS?"

SÉRGIO: Fátima, já que nós não estamos escrevendo um livro — estamos fazendo um capítulo apenas — é claro que a extensão não tem o fôlego que tem um livro. Mas refletindo um pouco sobre esse diálogo que nós estamos tendo e que depois virá parte desta nova edição do *Partir da infância*: o que é que você acha que está faltando nessa nossa conversa? Qual é a visão crítica que você tem sobre ela, sobre aquilo que foi dito, que não foi dito, com relação ao Paulo Freire, a mim, à tua prática? O que é que está faltando que você acha que é preciso ser dito ainda, antes que a gente deixe o leitor fechar o livro e descansar um pouco?

FÁTIMA: Eu não sei se é o que estaria faltando especificamente aqui ou que estaria faltando no genérico, sobretudo em relação com a educação nas escolas, e aí não só na pública quanto na particular: é tudo o que diz respeito à noção de vida e o que leva à vida. Eu acho que quando estamos ainda na coisa da educação hoje, às vezes eu fico espantada com o quanto, cada vez mais, a educação está se distanciando da vida *(ri)*. No sentido da vida enquanto forma de estar no mundo. O quanto a gente ainda, dentro das escolas — e aí não me interessa se é pública ou se é particular, ou dentro das universidades, sei lá! — ainda continua martelando naquele famoso slogan sobre a importância de se estar "preparando o aluno para a vida". Eu ainda escuto isso, eu leio isso ainda em alguns livros por aí, em alguns artigos. Ainda tem isso!

Quer dizer: quando é que a gente vai parar e vai sacar que a vida é esse aqui e agora, que é isso que a gente está vivendo, que é a desgraceira que a gente está vivendo agora, que é a desgraceira dessa violência, dessa falta de inclusão, sabe? Agora mesmo: a inclusão é outra coisa que está de moda, e as escolas estão feito doidas aí, se atropelando, correndo, para poder estar em dia com a lei, para poder incluir todo mundo. Só agora é que a gente está falando de inclusão. A inclusão vem forte, e quer dizer: inclusão pelo deficiente físico. E o não deficiente físico, que não está sendo incluído desde há muito tempo? E a preparação de tudo isso, como é que fica? Que raio de educação é essa? Onde estão os problemas reais da educação? Quais são? É complicado isso, Sérgio.

Sérgio: Mas não é justamente assim para que a coisa funcione? Ou seja, na medida em que você tenha uma reflexão maior, uma consciência maior, na prática do dia a dia, e que ela se alastre e se torne praticamente rotina em todas as escolas, será que isso não vai estar incendiando tudo, entre aspas? Será que não é justamente um mecanismo que tem que ser preservado assim, para que não haja muita mudança, muita contestação? Na medida em que você começa a questionar, a ler com mais crítica a partir da tua prática, e portanto começa a buscar as coisas, no sentido mais prático, crítico — isso que, no fundo, era aquilo que outros tantos quanto o Paulo...

Fátima: ...queriam, claro!

Sérgio: ...queriam, discutiam, isso vai levar necessariamente a muita mudança. E eu me pergunto até que ponto interessa muita mudança.

222 | Paulo Freire e Sérgio Guimarães

19. "Uma escola que se diga cidadã está remando contra a maré."

FÁTIMA: É! E então por isso é que a gente roda, roda esses anos todos, e o problema continua o mesmo. E aí resta perguntar o quanto avançamos nisso. Acho que tem uns avanços, sim. Tem até se tentado, mas acho que é muito pouco. É isso que me pega e me enviesa, porque o que está por trás de tudo isso é a dicotomia entre o que se diz e o que se faz. A gente enche a boca: quantos de nós, educadores, não enchemos a boca para falar da escola cidadã? E o que é que a gente está fazendo, dentro das escolas da gente? Quais são as práticas sociais que a escola, enquanto espaço social, está a oferecer para cidadania, se não são justamente práticas opostas ao que é ser cidadão?

Uma escola que se diga cidadã, no dia de hoje, está remando contra a maré. Tem que remar contra a maré se quiser fazer alguma coisa. Como é que você segura esse discurso e essa prática cidadã lá dentro se a prática social mais ampla está te trazendo justamente o contrário? E por que é que a escola não abre esse espaço de diálogo sobre este problema?

Sérgio, a escola fica dourando pílula! Eu acho muito louco isso, e estava discutindo ainda ontem, repare bem: os professores arrancam os cabelos em busca de criar — agora é moda ainda — situações-problema de aprendizagem, porque descobriram que o aluno aprende melhor diante de uma situação-problema. O nego se descabela para artificializar, para criar uma situação-problema, e passa batido nas reais situações-problema que tem ali, que ele não precisaria artificializar nenhuma!

SÉRGIO: Exatamente. Às vezes, a própria relação entre eles é a situação-problema.

FÁTIMA: Claro! Ou seja, a gente ainda não está enxergando a metade do palmo do nariz. Nesse sentido, eu me lembro ainda muito do pai, que dizia assim: "O mais difícil é enxergar o óbvio." É muito difícil enxergar o óbvio, porque está tão na cara que nego não enxerga!

Às vezes, eu fico pensando: que escola é essa? Eu entendo, o processo de transformação na escola é mais dificultoso mesmo, é mais complexo, pela força do sistema educacional, sobretudo aqui na América Latina. É muito pesado! E a escola é muito lerda, nesse sentido. É muito difícil, e então ela tem uma decalagem aí enorme.

Se a gente para e pensa na escola de hoje, eu fico realmente pasma porque, quando a gente está dentro da escola, a gente não conversa dessas coisas com os professores. Esses deveriam ser os conteúdos básicos de uma reunião pedagógica, e no entanto não são. São outros, são conteúdos realmente operacionais, que eu reconheço que também são necessários, porque também organizam o corpo do professor na parte prática. Mas educar não é só isso. Dentro de uma escola você não tem só problemas práticos para serem resolvidos. Tem outras coisas também.

Como, por exemplo, repare: eu fico me perguntando o quão rico seria se a escola — os educadores, coordenadores, diretores — discutisse com os professores todas as mudanças que estão ocorrendo na família, ao longo desses anos. A transformação que está ocorrendo no dia de hoje na família forçosamente está incidindo na escola. E o que é que a escola está fazendo com isso? Como é que a escola está se preparando para reequilibrar essa relação e essas mudanças?

São poucas as escolas, Sérgio, que realmente discutem com os professores, entre si ou com outras escolas qual é a sua função social, como é que a escola está socializando as crianças. A escola — tanto quanto a família — é um agente socializador, não é? Tudo bem que não é o primeiro. O primeiro continua sendo a família, ela vem no segundo plano. Mas o que é que está acontecendo? A família já não está cumprindo, entre aspas, a sua função socializadora como estava antes. Não está, está deficitária. A função socializadora da família no dia de hoje encontra-se fragilizada.

E aí o que é que acontece? Está vindo para a escola essa função. A escola está tendo que socializar as criaturas também na socialização primária, como a gente chama classicamente, quer dizer, aquela inicial. E a escola não está preparada para isso, porque sempre foi vista — e sempre vive e se percebe a si própria, com raras exceções — unicamente enquanto espaço social de cognição, e não espaço social de emoção. E aí o que é que você faz? Ela, escola, com o seu corpo docente, se vê obrigada — na maioria dos casos, por problemas e necessidades econômicas; estou falando da escola particular — a acatar, a receber, e não sabe trabalhar direito. Não consegue porque não está preparada para isso.

Mais ainda: não se abre, não se cria um espaço dialógico entre essas duas instituições, justamente para se pensar no que eu chamo de filho-aluno. Não se pensa na criança. Se você para e pensa: a criança, que está no meio, está com o pé nas duas instituições. Ela pertence simultaneamente aos dois grupos sociais, aos dois espaços sociais, tanto o da família quanto o da escola. E a imagem que me vem dela é assim: dois braços abertos, cada um puxando para um lado, e ela não sabe onde é que fica. E a gente não pensa que isso é um problema para a criança.

20. PROFESSOR SOZINHO, DESMORALIZADO. "QUE ESCOLA DEVERÍAMOS TER PARA RESPONDER A ESSA LOUCURA TODA?"

SÉRGIO: E isso num mundo onde, ao contrário do que acontecia antigamente, você tem uma influência crescente de meios de comunicação de massa que passam a atuar — e a televisão, e o rádio, e os jornais, e a computação, amplificando, eletrizando, eletronizando isso tudo. E no meio dessa confusão toda a gente se pergunta: afinal, qual é a função da escola, além de uma função transmissora?

Mas você tem uma solução que é muito mais fácil, que é a solução do professor primário, que diz assim: "Minha filha, eu trato de quarenta cada vez." *(riem)* "Cada ano eu pego 35 ou quarenta, e vou me preocupar com a formação desses." Também é uma saída.

FÁTIMA: É um problema sério, e eu fico me perguntando: que escola nós deveríamos ter, no dia de hoje, que pudesse minimamente responder a essa loucura toda que está o mundo? Enquanto instituição sistematizadora de conhecimentos, formadora de valores. Que escola teria que ser essa? Seguramente, a primeira coisa que me vem para te dizer é que não seria essa. A que está aí, está mais do que provado que não está dando conta.

Às vezes eu fico imaginando assim, que quem é professor no dia de hoje, dentro de sala de aula — independentemente até da faixa etária com a qual ele está a lidar —, é de uma solidão lá dentro! Eu tenho a imagem assim: que você está ali na frente, desnudo, falando sozinho quase. Se você reparar

226 | PAULO FREIRE E SÉRGIO GUIMARÃES

bem, pelo menos aqui no Brasil, eu percebo que a figura do professor enquanto segundo agente, segundo modelo forte depois de pai e mãe — porque a criança vem para ele logo após, e então ele ocupa esse segundo lugar de importância enquanto figura formadora —, ele também está altamente fragilizado. Ele também está desmoralizado, entre aspas, nesse sentido, e tem perdido autoridade.

E aí, Sérgio, é muito complicado: eu sempre faço uma bifurcação aí, uma destrinça entre o que eu chamo da autoridade que é socialmente outorgada pela tua função, pelo fato de você ser professor e porque você já entra dentro de sala investido dela, socialmente, e aquela outra autoridade, que é mais a autoridade que você constrói no seu grupo-classe, com os seus alunos, mediante as suas interferências, as suas devoluções, a sua postura pedagógica, a sua forma de estar em sala e de trabalhar.

E aí, o que é que acontece? Olha a loucura! Como a maioria dos professores se agarra unicamente na autoridade socialmente outorgada e não é ajudada a trabalhar, e a descobrir que existe um outro aspecto da autoridade que é o construído, ele, professor, está totalmente indefeso ali, porque socialmente ele já está fragilizado. O lugar que ele está ocupando é muito, muito precário, e ele fica totalmente sozinho!

Por exemplo, eu acho que é mais a realidade da escola pública do que a particular: quando tem o coordenador pedagógico, ele o vê uma vez por mês, sei lá!, porque são tantas as escolas que ele tem que estar cobrindo que o professor não tem um acompanhamento cotidiano. São raras as escolas públicas em que você consegue realmente um acompanhamento da prática do professor. Olha a loucura!, porque, se você percebe a escola enquanto espaço social trazendo a riqueza para o aluno de poder confrontar outros discursos que não o discurso parental — até para se recriar e se reconstruir, no sentido da sua identidade cultural — que discurso é esse que o professor está vendo, que é quase inexistente? Ou seja: que cidadão, então, é que a gente está formando? Que chance é que a gente está dando para essa molecada, de uma variedade de discursos constituintes deles enquanto pessoas pensantes e desejantes? É muito problemático também para os alunos, tanto quanto para o professor. É problemático para todos nós.

SÉRGIO: Mas é por isso que a formação de professores — formação não apenas entendida como formação de novos valores, mas também a formação permanente, contínua dos professores — é uma dimensão-chave. É por isso que você precisaria de muitas Fátimas Freire *(Fátima ri)*, muitos Paulos Freire, que continuassem estimulando o funcionamento desse sistema. Porque, no fundo, é como você unir o artesanal ao industrial, na medida em que você tem as relações dos professores com os alunos como algo que se cria e que não pode ser substituído por fases eletrônicas. Pode ser ajudado, pode ter um apoio complementar, mas a relação professor-aluno, a relação aluno-aluno — essa relação humana que se estabelece e que permite justamente às pessoas discutir, confrontar — isso tudo não pode deixar de existir de uma hora para outra. Vai ter que continuar existindo, e para isso é que é preciso continuar investindo.

Não é por acaso que o Paulo não trabalhou muito — ou pelo menos tanto — do ponto de vista do funcionamento do sistema — quanto do funcionamento dos movimentos eu diria alternativos de educação e de cultura popular, não é? Porque — você acha — houve essa opção da parte dele, de trabalhar mais no sentido dos movimentos populares?

FÁTIMA: Eu sempre percebi o pai, sempre olhei para os dois, não só para ele quanto também para ela, num casamento de duas figuras muito interessantes, porque era a teoria e a prática juntas. E eu acho que o pai tinha assim uma capacidade muito mais reflexiva do que operacional. Eu sempre questionei isso nele, e não é crítica, acho que é forma de pensar, de entender as coisas, de pensamento diferente. O pai era muito mais da abstração. Ele devolvia muito bem. Localizava o problema em si muito bem, mas, na operacionalização, eu acho que ele era muito frágil. É bem o que eu penso. Pode ser que não seja isso, mas eu quero crer que a ida dele, a voltada dele para essa coisa mais ampla pode estar ligada por aí talvez.

SÉRGIO: Mas também pode estar ligada ao fato de que, do ponto de vista de uma posição política radical, quem mais precisava mesmo era aquele que estava numa situação clara de oprimido, de analfabeto adulto.

FÁTIMA: Sim, sim. Aí não me resta dúvida. Eu acho que teve muito da opção política mesmo.

21. IR DE PEITO ABERTO, ESCUTAR, DIALOGAR. "UM GOSTAR DE GENTE ASSIM MUITO INTENSO."

SÉRGIO: Afinal, das lições que você trouxe dele: se você tivesse que resumir um pouco — sei que não é fácil esse tipo de exercício — quais são as lições principais que você aprendeu com ele?

FÁTIMA: Olha, Sérgio, eu acho que uma das coisas assim mais fortes, que ficou, é a capacidade de conversar com o outro mesmo, de dialogar, de estar aberta, de ir de peito aberto. E é gozado, porque normalmente a gente pensa que a gente dialoga, mas é uma coisa muito difícil. Dialogar não é fácil.

E junto com isso vem assim um gostar de gente, sabe? Um gostar de gente assim muito intenso. E um gostar por gostar mesmo, de curiosidade mesmo, de saber como é que o outro sente, como é que o outro funciona, como é que outro está pensando. Essas duas coisas são muito fortes. E ainda, junto com isso, aí já independe dele, mas tem a ver com ele pelo tipo de vida que eu terminei sendo obrigada a rodar pelo mundo afora aí também, vem a coisa da capacidade da escuta. De estar aberta para o outro, e de estar querendo ajudar realmente o outro.

A coisa da escuta eu acho que vem de ter sido bem escutada quando era menina pequena. E ter sido bem escutada também significa assim ter tido resposta às inúmeras perguntas que eu fazia. De ter sido vista, mesmo apesar do difícil que era a vida da mãe, sempre fora também trabalhando, e dele, sempre estudando. A minha curiosidade, nesse sentido, foi sempre muito estimulada. E eu acho que isso fica muito forte até o dia de hoje. E também a coisa do diálogo fica muito forte.

SÉRGIO: Não é por acaso que a gente está num livro onde justamente uma das palavras-chave é diálogo.

FÁTIMA: É.

SÉRGIO: Podemos parar por aqui ou você quer dizer mais alguma coisa?

FÁTIMA: Não, podemos parar.

Títulos de Paulo Freire editados pela Paz e Terra

À sombra desta mangueira (org. Ana Maria Araújo Freire)

Ação cultural para liberdade e outros escritos

A África ensinando a gente: Angola, Guiné-Bissau, São Tome e Príncipe (com Sérgio Guimarães)

Alfabetização: leitura do mundo, leitura da palavra (com Donaldo Macedo)

Aprendendo a própria história (com Sérgio Guimarães)

Cartas a Cristina: reflexões sobre minha vida e minha práxis

Cartas a Guiné Bissau: registros de uma experiência em processo

Cultura popular, educação popular (org. Osmar Favero)

Dialogando com a própria história (com Sérgio Guimarães)

Direitos humanos e educação libertadora: gestão democrática da educação pública na cidade de São Paulo (organização e notas Ana Maria Araújo Freire e Erasto Fortes Mendonça)

Educação como prática da liberdade

Educação e mudança

Educar com a mídia (com Sérgio Guimarães)

Extensão ou comunicação?

Lições de casa: últimos diálogos sobre educação (com Sérgio Guimarães)

Medo e ousadia (com Ira Shor)

O educador: vida e morte (org. Carlos Henrique Brandão)

Partir da infância: diálogos sobre educação (com Sérgio Guimarães)

Pedagogia da autonomia

Pedagogia da esperança

Pedagogia da indignação (org. Ana Maria Araújo Freire)

Pedagogia da libertação em Paulo Freire (org. Ana Maria Araújo Freire)

Pedagogia da solidariedade (com Ana Maria Araújo Freire e Walter Ferreira de Oliveira)

Pedagogia da tolerância (org. Ana Maria Araújo Freire)

Pedagogia do compromisso: América Latina e educação popular (org. Ana Maria Araújo Freire)

Pedagogia do oprimido

Pedagogia dos sonhos possíveis

Política e educação (org. Ana Maria Araújo Freire)

Por uma pedagogia da pergunta (com Antonio Faundez)

Professora sim, tia não: cartas a quem ousa ensinar (org. Ana Maria Araújo Freire)

Este livro foi composto na tipografia Dante MT Std, em corpo 12/15, e impresso em papel off-white no Sistema Cameron da Divisão Gráfica da Distribuidora Record.